中村淳彦

AV女優消滅

セックス労働から逃げ出す女たち

GS

幻冬舎新書

468

はじめに

「AV業界は大変な局面になっていますね。次の新書のテーマは〝AV出演強要問題〟で、どうでしょうか」

編集者から連絡が来たのは、大手プロダクション・マークスジャパンが摘発されて、続々とAV女優たちが被害を告発し、被害撲滅を訴える女性団体がイベントやシンポジウムを繰り返す時期だった。女性団体とAV業界は「出演強要は許されない」と被害撲滅の意見は一致しながら、女性団体は「AVのようなものが表現の自由として許容されるのは不思議でならない」と法規制を訴え、AV業界は「AV実演者に対する差別」と怒り、真っ向から対立していた。

女性団体はAV業界を現実以上に悪者扱いして批難していたし、AV業界は閉鎖性の強い業界で歴史的に社会性が薄く、現実の混乱から目をそらしている印象があった。対立が深まるうちに強要問題撲滅という目的からだんだんとズレて、性の搾取と解放の思想闘争のような様相となっていた。お互いの擁護派同士の争いも過熱し、相手側への批判&批難を繰り返し、ひたすら罵り合い、収拾がつかない状態となっていた。

出演強要問題は、火中の栗を拾いにいくテーマだ。

実際に過去と比べると圧倒的に健全な業界になったAV業界を擁護すれば、女性団体側から猛烈なバッシングを受け、女性団体に寄ればAV業界から脅されたり、排除される可能性があった。できれば、かかわりたくなかった。筆者はしばらく編集者の提案に適当なことを言ってお茶を濁していた。

実際に業界の事情に詳しいAVライターのほとんどは「かかわりたくない！」と強要問題から目をそらし、執筆や発言を控えるどころか、居酒屋に行っても酒の肴の話題にすら出さないという徹底ぶりだ。

過熱する強要問題にかかわりづらいのは、腹をくくって被害を訴えるインテリ&論客揃いの女性団体側のプレッシャーもあるが、もう一つは主にプロダクションの比重が大きい問題だからだ。プロダクションが行うAV女優の発掘、管理、斡旋はグレービジネスである。ホワイトな一般企業を自負するAVメーカーが、グレー業務をプロダクションに外注するという業界の構造になっている。これはAVメーカーにとって汚いグレー部分に手を染めないというリスクヘッジだが、プロダクションの存在がなくては商品であるアダルトビデオを作れない。産業が成り立たなくなる。必要悪のプロダクションはAV業界のブラックボックスであり、AV女優を斡旋してもらう以上、それぞれの運営方針に口を出さない暗黙の了解がある。プロダクションの運営の邪魔をしない、プロダクションが運営しやすいように環境を整えることが、一部の関係者がよく使う〝AV業界の掟《おきて》〟であり、それがAV業界が閉鎖性が強い理由である。

騒動の渦中、強要問題のキーパーソンである国際人権NGOヒューマンライツ・ナウ（HRN）伊藤和子弁護士はツイッターで「AV業界には御用ライターしかいない。ジャーナリズムがない」と嘆いていた。まさに一言一句その通りで、閉鎖性の強いAV業界では身内によるジャーナリズムは許されない。特殊な業界に違和感があったとしても、メディアを通じて社会に現実を伝えることは許されないのだ。業界の御用ライターになるか、辞めるかしか選択肢が与えられていない。そんな業界に身を置いて慣れていくうちに感覚は麻痺し、それが当たり前となっていく。実際、筆者もその一人だった。編集者は「企画は通しましたから」「取材対象が決まったら連絡を」と、どんどんと話を進めていく。やっぱり、やるしかないようだ。

ＡＶ業界は過去と比べると見違えるほど健全な業界となったが、それでもやっぱり出演強要はある。過去から現在の自浄による変貌は、アダルトビデオやＡＶ女優の一般メディア進出による自然発生的な現象で、ＡＶ業界はプロダクションに対して出演強要を予防したり、禁止をする施策は歴史的に一切とっていない。女性たちの発掘、管理、斡旋はすべてプロダクション任せである。

世間から糾弾されるＡＶ業界にいったいなにが起こっているのか、出演強要とはなんなのか。出演強要問題のキーパーソンや被害女性、筆者が今まで実際に聞き取りした被害例などを通じて実情を炙りだし、これからのアダルトビデオを考えていきたい。

AV女優消滅／目次

はじめに　3

第一章　人生が破壊された超人気AV女優　15

スレンダーな元超有名女優が待ち合わせ場所に現れた　16
現役時代は心を〝無〟にして過ごした　18
出演強要を告発するのは単体女優たち　20
複数の男たちに囲まれ、脅されて契約　21
殺されると真剣に思っていた　26
デビュー作の撮影に複数の男たちが押し掛ける　30
私の人生、こんなはずじゃなかった　34

第二章　納得して出演している女性ばかりじゃなかった　41

次々と逮捕されるAV関係者　42
呼びかけたわけではない。相談が来てしまった　43

積極的にAV出演する女性が増えたのではなかったのか 47
人間の哲学がテクノロジーに追いつかない 52
アダルトビデオは日本の男性社会の象徴 57
業界関係者は状況を把握できていない 58
性を買う側を社会的にどう考えるのか 63
AV出演強要問題はブラック企業問題と地続き 65

第三章 歌手になりたくてAV作品に出演 69

「私を取材しませんか？」と声をかけられる 70
口説き文句は〝稼げる〟から〝有名になれる〟へ 72
AV業界擁護派の意見は「それは自己責任」 75
感覚が麻痺するAV業界の日常 76
裸の世界は儲けることが正義 79
嘘の求人広告が多すぎる 83
「歌手へのステップ」という言葉を信じた 85
撮影が始まると現場の判断で中止にはできない 88
2本のAVに出演してもらったお金は5万円 90

これは性の問題ではなく、労働問題 93

第四章　人間扱いされない
AV女優たちの絶望の系譜 97

マークスジャパン摘発の発端となったAV女優 98
被害女優をかつて取材していた 99
警察に駆け込んだ女性の現役時代の証言 103
テレビドラマの準主役を探している 108
悪い人ばかりで疲れちゃった 112
裸でカメラの前に立ってから負のスパイラルが始まった 116
頑張った先に芸能界はなかった 120
思いつめて絶望を告白する人気女優 124
人間花瓶にして肛門にドジョウを流し込む 129
1000万円を要求されて支払いました 130
AV女優は人間のようで、人間じゃない 134

第五章　普通の女の子をAV女優に導く
暗黒のスカウト最前線　141
元プロダクションマネジャーの告白　142
「AV女優をやります」と女の子を頷かせるスカウトマン　143
社内で普通に輪姦していた　148
「輪姦」「場面」で女の子に恐怖を植えつける　150
視聴者の「いい女を出せ」の要求に応え続けた結果　153
AV女優になった女の子には利益が出るように気を使う　158
AV女優には情報を徹底遮断する　161
グレー産業が足並みを揃えるのは不可能　164
最近のスカウトの主流は「ネット」　166
第六章　「AV女優に人権を」
業界でただ一人動いた元AV女優　173
AV出演者の権利を守るための団体ができる　174
AV業界は女性の人権には非常に鈍感　177

派遣法違反で摘発されて業界が動きだした 184
AV業界のグレーな歴史 186
マークスジャパン事件から意識が変わる 188
少しずつ前進するグレーからホワイトへの動き 194

第七章 AV業界が消える前に 197

提言を実現していかないと、業界は消滅します 198
政府、警察は本気 205
AV族議員の存在が必要 207
インフォームドコンセントの徹底で被害は減る 213
AVで生きる人の人生を否定してはいけない 215

第八章 強要問題はAV女優の反乱だった 219

企画単体女優の貧困 220
家賃4万円の風呂なしアパートに暮らす企画単体AV女優 221
AV業界は女優以外のセーフティネット 226

強要問題はAV女優の反乱だった　230
おわりに　233
DTP　美創

第一章 人生が破壊された超人気AV女優

スレンダーな元超有名女優が待ち合わせ場所に現れた

2017年2月20日、渋谷で元AV女優と会うことになった。渋谷はAV業界の関連会社が密集し、路上スカウトの主戦場となる地域だ。会うことになったキッカケは成り行きだった。共通の知り合いを通じて元AV女優と名乗る女性からメッセージが来た。一言二言程度の文章を何度かメールでやり取りすると、〝AV女優になったキッカケは、かなり強引なスカウトにあったから〟だという。取材を依頼した。

「引退してから、現役のときもですが、きちんとAVの闇を話したことはなかったので、今回自分の中で少し整理ができそうです。良い機会をありがとうございます」

すぐに、そう返信があった。数日後に会うことになった。居住するマンションは、渋谷駅徒歩圏にあるらしく、待ち合わせ場所に渋谷駅前にあるモヤイ像前を指定された。

AV女優だった過去を深く後悔していること、AV業界で小さくない被害にあったと思っていることは、短い文章から察することができた。2016年3月から話題になった〝AV出演強要問題〟については、まったく知らないようで、忘れたい過去である業界の動向には興味がないようだった。

引退してから数年が経っており、取材依頼を承諾した理由はよくわからない。事情がわからないので気を使い、メールでは女優名は聞かなかった。ＡＶ女優のほとんどを占める無名女優なら聞いてもわからないし、逆に有名な女優だったら警戒されて取材拒否される可能性があった。

誰がやって来るかわからないまま、渋谷モヤイ像前で待つ。

時間ぴったりに、肌が白くスレンダーな、息を飲むような美女に声をかけられた。すらりと背が高く、長い黒髪が美しい超美人女性は、過去にアダルトビデオ専門誌などで何度も見たことのある超有名ＡＶ女優だった。名前は坂本小雪さん（仮名）にしようか。特定されたくないという強い要望があり、年齢は伏せる。２０００年代後半に大手メーカーから単体デビューして、４年間活動。後半の２年間は企画単体として大活躍して、現在活躍する有名監督たちはこぞって彼女を撮影している。ＡＶ関係者やファンの間では記憶に残る人気女優で、「エッチ好き。やる気満々なポジティブ女優」というイメージがあった。

「最近、ＡＶ女優だった過去を受け入れられるようになって、少しだけ胸を張れるようになりました。否定し続けた時期のほうがキツかったし、本当になにもいいことはなかった。

AV女優のことは、実は現役時代からずっと否定していました。自分もAV女優のくせに、AV女優のことは汚いと思っていたし。同じ現場にいる子とか。自分も同じなのに……」

彼女がよく利用するという喫茶店に行く。十数種類のコーヒーや紅茶がメニューにあるお洒落《しゃれ》なカフェだ。

AV女優のほとんどは、引退するとAV業界との関係を断ち切る。当然だが、第二の人生では過去を誰にも話せないケースがほとんどを占める。引退してから数年が経つが、「(話すことで)自分の中で少し整理ができそうです」と言うように、大活躍したAV女優時代は、思い出したくない黒歴史として刻まれているようだった。

現役時代は心を〝無〟にして過ごした

いったい、なにがあったのか。

2000年代後半。坂本さんは、地元の公立進学校から有名私大進学のために上京する。実家の世帯収入は高く、十分に学生生活ができるだけの援助は親から受けていた。大学1年のゴールデンウィークに渋谷でスカウトされて、時間をかけて口説かれ、授業のない土日限定でAV女優になった。収入は単体時代で月70万〜90万円、企画単体時代で月150

万〜２００万円とかなり稼いでいる。

「現役時代は、もう無でした、無。現場でもなにも感じてない。楽しい、気持ちいいみたいな感覚が一切ないってことです。一貫して、感情はまったくなかった。綺麗《きれい》な写真を撮ってもらって、パッケージ見て、綺麗で嬉しいみたいなことはある。でも現場では、なにをされても気持ちよくはないし、嫌ってこともない。カメラがまわると、ＡＶ女優を演じる。演じる自分に酔うことはあっても、性的行為やセックスに感じることはなかった。４年間も続けたのは、お金のためだけでした」

外見だけでなく品性のある声、口調。誰が見ても美しい女性で、すれ違う通行人男性やカフェの客が振り返るほどだ。筆者は長年ＡＶ専門誌にかかわっていたので、彼女が前向きなＡＶ女優だったことは覚えている。しかし、そのポジティブが本心だったのは一時期だけのようだった。同調圧力に悩むことがあり、まわりの空気に合わせて前向きなＡＶ女優を演じていただけだったという。

「自分自身を否定するのは、苦しい。その苦しさから逃れたくて、一時期だけ無理に〝ＡＶ女優の仕事に誇りを持っている〟みたいな発言をしていました。私は誇りを持って、ＡＶ女優をしているって。裸とセックスを売っているのではなく、作品を作っているって。

でもね、そういう自己暗示をかけないと、あんな仕事とても続けられない。だからAV女優同士で集まると、自分たちは正しい、世間の評価が不当みたいな話ばかり。要するに傷のなめ合い。特殊な仕事だし、自分たちのことをすごいって思いたい。でも、誇りを持つのはいいけど、私個人はあまり言うべきじゃなかったなって後悔しています。恥ずかしいし、バカだったなって」

出演強要を告発するのは単体女優たち

〝単体〟とは、AV業界内で使われる業界用語だ。

AV女優には〝単体〟〝企画単体〟〝企画〟というヒエラルキーがあり、3段階に分類される。どのヒエラルキーに属するかによって、出演料を筆頭に仕事をする上での扱いが違ってくる。

単体とはAVアイドル、トップスターになりえる存在で、主役として1本のAV作品となる、一人でヒットが見込める女優のことだ。単体は特定のメーカーと何本出演するかという本数契約をする。単体女優デビューが決まると、新聞やグラビアやイベントなどで大々的に告知されて売り出される。テレビやパチンコ台、一般週刊誌、スポーツ紙などに登場して多くの人が名前を知るAV女優は単体女優だ。現在〝出演強要〟を続々と告発するのは、AV女優の中でも最も華やかで条件のいい環境で働く、単体女優たちである。単体に対して視聴者やメーカーの要求水準が高くなりすぎたことが、出演強要の背景にある。

単体から1ランクダウンした〝企画単体〟は、特定のメーカーとの契約はない。どこのメーカーの作品に何本出演しようが自由だが、単体と同じく主役を張って1本のAV作品になりえる女優のことだ。ギャラは1本単位の単体と異なり、1日単位となる。競争の激しい単体を長期間維持継続できるのは、トップAV女優の中でもホンの一握りで、ほとんどの単体女優は半年〜2年程度で単体契約するメーカーがなくなり、企画単体にランクダウンする。

ただ、企画単体は自由にどのメーカーでも活動ができるので、人気と実力のある企画単体女優には依頼が一極集中する。企画単体として年間数十本に出演しているうちに名前が浸透し、単体を知名度や収入で遥《はる》かに超えることもある。

複数の男たちに囲まれ、脅されて契約

坂本さんは2年間特定のメーカーで単体として活動し、3年目から企画単体になってい

る。筆者の記憶にあるのは企画単体になって以降の活躍で、とにかく様々なジャンルに出演しまくっていた。

「とにかく、スカウト会社が最悪でした。渋谷でスカウトマンに『歌手、アーティストの事務所ですけど』って声をかけられて、立ち止まって名刺をもらった。パンフレットっていうか、たくさんの資料を持っていて、その資料に中島美嘉とか浜崎あゆみとか普通に載っていました。あと、けっこう有名な女性アーティストの写真がたくさんあって、スカウトマンは『全員、うちの在籍』って。あーそう、すごいってなりました。そこから3カ月くらいスカウトマンとメールのやり取りをして、すごくマメで丁寧で信用した。しばらくしてから、じゃあボイトレ始めようってなった」

何度も書くが、坂本さんは美人だ。10代の頃なら、もう圧倒的な存在感があっただろうと想像がつく。

どんなに美人でスクールカーストで上位にいても、地方の10代の女の子にとって、東京は華やかで可能性に溢《あふ》れている。様々なタレントがスカウトされた渋谷で、印刷されたパンフレットや資料を持ったスカウトマンに声をかけられ、歌手やアーティストの事務所という説明をされ、何度も丁寧なメールのやり取りを繰り返しているうちに、坂本さんはスカウトマンを信用してしまった。中学校高校時代にモテまくり、誰からも容姿を褒められたことによる自信も、スカウトマンの甘言を信用する後押しとなった。

「最初は信用するわけじゃなくて、様子見でした。スカウトマンからは、けっこう頻繁に連絡が来た。メールで〝今日は誰々さんのコンサートです〟とか。しばらくして〝とりあえず無料のボイトレ通わない？〟って提案されて、週2で通うことになった。たぶん、そのボイトレ代も後の出演料から引かれていると思うけど、とりあえず週2で3カ月くらい。そのときは、ただただ嬉しかった。田舎者だし、私、もしかして芸能界入れるかもみたいな。子供の頃から勉強もできたし、すごくモテたから、私は東京でも通用するくらいの意識でした」

　難関の有名私立大学に現役合格している。美人だっただけでなく、高校は進学校で成績はトップクラス、部活動でもレギュラーだった。実家の世帯収入も高く、親のように自分自身も将来的には上場企業総合職として活躍して、キャリアウーマンになると思っていた。

「スカウトマンはボイトレ通って、デモテープ録《と》ってレコード会社に送るみたいなことを何度も言っていました。今思うと、本当に手が込んでいた。私だけじゃなくて、渋谷でスカウトされて同じボイトレに通った女の子が同じ事務所に4人いて、全員が結局AV女優になっています。しばらくしてそろそろ契約しようか、事務所にハンコを持ってきてって言われました。呼ばれたのは、渋谷区内にあるスカウト会社の事務所でした」

呼ばれた時間に事務所に行くと、応接室にスカウトマンと社長がいた。坂本さんが席につくと、示し合わせたようにスーツ姿の4～5人の男が一気に室内に入ってくる。男たちに囲まれ、威圧的な雰囲気が漂った。

これは、AV業界内で〝場面〟と呼ばれる演出だ。第五章で加害者側の取材をしているが、威圧的な雰囲気を演出して、脅し、自分たちに有利な方向に話を進めるという手段である。

「契約書を出されて、スカウトマンと社長に『あのさ、まずアダルトビデオをやってもらわないと、歌手にはなれないんだわ』って横暴な感じで言われました。え？　って。『とりあえずバレないしさ、お金にもなるから、とりあえず書いてよ、ハンコ捺《お》して』ってなった。えーって。中島美嘉とか浜崎あゆみもやっているんですか？　って聞いたら、みんなAV女優やっているって。後で見せてあげるよって。私、無理です、なりたくないですってだいぶ抵抗したけど、断るのは無理でした。ボイトレの申し込みでプロフィールを書かされていて、免許証とか学生証のコピーをとられているし、実家の住所も書いちゃっている。『わかっているよね、最初にいろいろ書いたでしょ、君が飛ぶってことは家族も全員飛ぶってことだから』って脅されました。もう本当に怖いし、諦めて、震えながら契約書にサインしました。実印も捺した」

現在、問題視される出演強要の典型的なケースだ。日々、女の子たちを脅して管理する悪徳なスカウト会社にとって、育ちのいい地方出身の女子大生を脅して支配するなど朝飯前である。

「ハンコを捺したら、社長は機嫌がよくなって、こいつらが家まで送るからって。たぶん、逃げられないように部下のスカウトマンに家を監視させた。しばらく、こいつら家の近くにいるから、なんかあったら言ってみたいな感じだった。本当に3日間くらい家の前で見張られた。家の前にずっと黒い車が停まっていたし。私、後になってバカだったなって思うけど、あのとき警察に駆け込めばよかった。でも、本当に怖くて。当時、姉と一緒に住んでいて、姉になにかあったらどうしようかと思ったし、とにかくもう諦めてAV女優になるしかないと思いました」

アーティスト系事務所を装うための架空のパンフレット、実際にボイストレーニングに無料で数カ月間通わせるなど、本当に手が込んでいる。単体デビューが見込めるスペックの高い女性に対して、悪質なスカウトマンやスカウト会社はAV女優にするために、手段を選ばず、時間と資金を投入して本腰を入れて口説くということだ。

殺されると真剣に思っていた

「恥ずかしい話だけど、私、色管理もされていました。相手はスカウト会社の社長です」

突然、思いだしたようにそんなことを言いだした。渋谷で声をかけられてから、3カ月後。ボイストレーニング初日に教室で声をかけてきたスカウトマンから、スカウト会社社長を紹介されている。スカウト会社社長はオーラをまとうほど美しい坂本さんを一目で気に入り、挨拶した瞬間から担当は社長に替わった。

「社長が私の担当になって、自宅に連れ込んで毎回毎回セックスでした。ボイトレは週2日、社長がいちいち迎えに来てくれた。そのときは『君は可愛いから、特別』みたいなことを何度も言っていました。当時はわからなかったけど、そういう人たちってカラダで女を管理する。逃げられないようにする。そういう感覚で私も管理されていたと思う」

彼女がAV女優として活動した同じ時期、同じプロダクションで巨乳を売りに単体として活躍したHという女優がいた。

「Hちゃんって友達がいて、今でもたまに話す仲です。その子も社長が担当で、同じようにカラダの関係があったようでした。もう一人のKちゃんって子は、部下のスカウトに散々ヤラれていました。女って優しい言葉をかけて、ヤっちゃえば好きになっちゃう。あの人たちはプロだから、そういうことを知り尽くしている。初めて社長と肉体関係になったのは、出会った初日です。レッスンの後に迎えに来て、車の中で『ご飯行こうよ』ってなって、ワインとかシャンパンとか飲まされて自宅に誘われた。それでそのまま肉体関係です。そのときは社長だから安心と思っちゃった」

色管理とは対象の女性と恋愛やセックスをして、情で操る人材マネジメントだ。AV業界だけでなく、性風俗や水商売、それと末端労働者に女性が多い新興のホテルチェーンや介護施設、保育園、美容室などでも色管理の存在を聞く。

AV女優や風俗嬢、キャバクラ嬢を発掘するスカウト会社やスカウトマンの色管理は常識で、一部のプロダクションも所属女優をセックスで管理している。ずっと昔から、インタビューで「彼氏はスカウトマン」「スカウトと同棲している」と語るAV女優は多く、彼女らは色管理されていることになる。

恋愛してセックスするスカウトマンの目的は、その女性を使って稼ぐことだ。女性は偽りの愛情で操られながら、AVや性風俗に誘導される。色管理では表面上恋愛をして、愚痴や悩みを聞いて精神的なフォローもする。できるだけ長く働かせて、最大の利益を摑《つか》むという目的のためには非常に有効な手段だ。

「当時はよくわかってなかったけど、社長は自宅でクスリをやっていました。私は勧められたことはないけど、いつも白い粉末をカードみたいなもので砕いて鼻から吸っていた。ボイトレの教室に迎えに来て、そのまま自宅に行ってエッチして、クスリみたいなパターン。社長との肉体関係は、私は特になんとも思ってなかった。そのときはAV女優をやらされるってわかってないから、逆にエッチしていたほうがもしかしたら、芸能活動がうまくいくかもくらいの意識だった。肉体関係を持ちながら、社長からはもうちょっと上達したら音楽事務所に行こうとか。いろいろ具体的に言葉をかけられていました」

社長がやっていたのは、おそらく気分が高揚するコカインか。AV業界に薬物が蔓延《まんえん》しているわけではないが、身近に誰かしらアンダーグラウンドに近い人物はいる。薬物を手に入れるのは容易で、危険な人物や領域から距離を置いてきた筆者でさえ、AV業界で知り合って身近にいた友人や知り合いの何人かが薬物使用で逮捕されている。

スカウト会社での契約締結のとき、肉体関係にあった社長から手のひらを返されて脅され、恐怖で震えながらAV女優になる契約を交わした。それから周辺の動きは慌ただしくなり、すぐにAVメーカーまわりをすることになった。単体デビューを望める新人AV女優は、まずAVメーカーのプロデューサーやキャスティング担当に会い、単体契約に手を挙げるメーカーを探す。

AVメーカーにアポをとって面接まわりをセッティングしたのは、所属プロダクションではなくそのスカウト会社だった。坂本さんは脅されて契約した数日後、最大手AVメーカーからまわり、すぐに単体デビューが決まる。

「大手メーカーを10社くらいまわりました。付き添ったのはスカウト会社のスカウトマンです。面接にはメーカーのプロデューサーがいて、話して、全裸の写真を撮ってを繰り返す。そのときは情けなくて、車の中で泣いていました。だいたい1日2〜3社。終わって泣いて、さあ行くよって涙拭く。1週間くらいでデビューは決まりました。それまで性体験は多いわけじゃなく、経験人数は社長入れて3人。本当に普通でした。AVメーカーをまわっているとき、泣いてばかりだったし、もう死のうと思っていた。裸になりながら、自分の人生終わったと思っていたし、今まで積み上げてきたものが崩壊したと思った。実家は本当にいい家族で、仲良かった。自分がとんでもないことをして、もう戻れない、なんてことしたのって、自分を責めていました。アダルトビデオに出演しないと殺される、AV女優にならないと殺される、と真剣に思っていました。私がやらなかったら、家族全員が被害にあうって信じ切っていました」

自殺を考え、泣きながらまわったAVメーカーは、すべて大手だ。パチンコ台にもなっている誰もが知る有名メーカーから面接まわりをしている。メーカー面接時は、スカウトが目を光らせている。エッチが好きです、みたいな返答をすることも事前に仕込まれている。無理やり連れてこられたとは、口が裂けても言えない。デビューが決まってから、大手プロダクションA社に所属が決まった。スカウト会社社長にA社の事務所に連れて行かれ、そのままA社に引き渡された。

デビュー作の撮影に複数の男たちが押し掛ける

「単体デビューが決まってからA社に所属した。スカウト会社は単体決まった子をたくさんA社に送り込んで、同じ経路でスカウトされたHちゃんとは、所属してしばらくしてから現場で会いました。Hちゃんは、まだ騙されていることに気づいてなかった。現場で初めて話したとき、普段なにしているの？　みたいな話して『私、実は歌手デビューする』

って言っていた。もしかして、あそこのボイトレ？　って聞いたら、『そう』って。Hちゃんは私より1歳下、ちょっとポワンとしたいい子。育ちのいい地方出身の子で、私と同じでなにも知らなかった。『AV女優としての経歴は、歌手デビューのときに事務所がもみ消してくれる』とかバカみたいなことを言っていて、スカウトの話を全部信じていた。心から可哀想になって、まわりの目を盗んでHちゃんに『よく考えてみなよ、私も同じことを言われているし。全部嘘なの』って必死に説明しました。彼女はそこで初めてハッとなって、そうだよねって大泣き。本当にひどいと思いましたね」

デビュー作の撮影現場には、たくさんの男が来た。スカウト会社の肉体関係のあった社長を筆頭に、声をかけたスカウトマン、契約時に彼女を取り囲んだ男たちがこぞって現場に押し掛けた。総動員する理由はデビューする女優を威圧して監視し、順調に撮影を終了させるためだ。さらに所属するA社からも3人のマネジャーが付き添ったという。

現役時代の収入を聞くと、それなりに高い。A社はおそらく売上折半、AV業界では標準的な報酬を坂本さんに支払っていた。

「初撮影のときたくさん人が来て、それが終わってからは、スカウト会社からはぱったりと連絡が来なくなりました。社長と会ったのも、その撮影が最後です。A社は監視みたいなことはすごかったけど、別に悪くなかった。みんな優しかったし、対応は悪くなかったし、普通でした」

標準的な出演料を手にしていたので、プロダクションに対しては恨みのような意識はなかった。単体デビューを果たした彼女は、長くお金になる大切な商品だ。A社は、徹底的に情報を遮断するマネジメントをしている。

「AV女優を楽しいとか思ったことは一度もないです。一度出演したら慣れちゃって、お金になるならいいかって。お金のためって、割り切っていた。でも無理やり出演させられていたから、最初の頃は鬱っぽくなったり、悩むこともあって、どうでもいいやって完全に割り切れたのは、企画単体になってからです。単体のときは、完全に隔離されました。他の女の子との接触禁止、写真も禁止。単体だから現場には私一人だけで、たまに事務所で他の女の子と会っても、絶対に誰にも挨拶してはダメって厳しく言われた。すれ違って「おはよう」って挨拶するのも禁止です。気兼ねなく女の子の友達ができたのは、企画単体になってから。ただ、その後も事務所からは他の女の子と話したらダメだって言われ続けて、誰とも連絡先を交換しないでね、終わったら携帯見るからねって。仕事のたびに携帯を確認されました。マネジャーはどこに行くにもべったり、シャワーにもトイレにもついてきた。とにかくずっと監視です」

プロダクションが他のＡＶ女優との接触を徹底して禁止するのは、女優同士でギャラの話をさせないためだ。他の女の子と連絡先を交換しただけで、数十万円の罰金をとるプロダクションもある。多くのプロダクションでは女優によって渡すお金の分配率が異なり、それが本人に知られるとトラブルになる。例えば同じプロダクションでもスカウト経由の女性と、自ら応募してきた女性では、同じ出演料でももらえるお金が違う。スカウト経由の女性のほうがお金にはうるさく、分配率は高くなる傾向がある。

「わからないけど、たぶん私は事務所の中ではギャラは高かったほうだと思う。事務所からすれば、女の子同士でお金の話はしてほしくない。誰とも話すなというのはおかしいと思ったけど、全員がそう言われているから方針に合わせるしかない。でも企画単体になると、撮影現場にいろんな女の子がいる。どうしても、友達はできる、仲良く喋《しゃべ》っちゃう。私は誰となにを話しても揉《も》めなかったから、後半はなにも言われなくなった。メーカーから総ギャラがいくら出ているのかは、女優には絶対にわからない。聞いても誰も教えてくれないし、本当に禁句です。何年やってもわかるのは、自分がもらえる金額だけ」

大学時代の４年間は月70万～２００万円と稼ぎに稼いだが、バンドマンの彼氏にほぼ全額を貢いでしまった。簡単に稼げるので金遣いも極めて荒くなり、貯金することはなかった。お嬢様系の大学だったこともあり、卒業まで学内や親にAV女優をしていることがバレることはなかった。企画単体になってから、平日は就職活動をした。就職氷河期と呼ばれた時期だったが、早い時期に希望した業種の内定をもらっている。

就職してからは土日限定でAV女優を続けた。企画単体になってから売れに売れたが、4年目に突入して出演依頼がピーク時と比べて激減した。そろそろ潮時と思った。就職した4月末、初任給手取り18万円が振り込まれた。簡単に稼げたAV女優時代4年間で、金銭感覚は完全に狂っていた。一般社会の給料の安さに驚き、とても普通のOLは続けられないと思った。6月、AV女優も新卒入社した会社も辞めている。

携帯を替えて、それまでの人間関係を断ち切った。AV女優を辞めても裸の映像は残って、金銭感覚は戻らない。貯金もない。時給の高いクラブホステスをしながら、少しずつ普通の女の子に戻ろうと思っていた。

私の人生、こんなはずじゃなかった

2017年になって広がりを続けたAV出演強要問題は、ついに政府を動かすまでに発展した。４月26日、東京渋谷でＡＶ出演強要による若い女性に対する性犯罪根絶を呼びかけるパレードが開かれている。

安倍内閣の現役閣僚である加藤勝信女性活躍担当相（当時）が先頭に立ち、〝なくそう！　若年女性の性被害！〟と大きく書かれた横断幕を持って、渋谷センター街を闊歩《かっぽ》した。主催は内閣府、警察庁、警視庁という国家を管理する面々だ。加藤大臣は「性的被害という暴力の根絶は社会全体で取り組んでいくべき課題だ」と言い、警視庁田代生活安全部長は「街頭で『モデルになりませんか』と勧誘された後、ＡＶ出演を強要されるなどの実態がある。若者の夢を台無しにする卑劣な犯罪行為」と訴えた。

もはや国を挙げた本格的なＡＶ業界に対する抗議である。一部の悪質なスカウトマンやＡＶ関係者が、目先のお金のために若い女性たちをＡＶ出演に誘導したことが大変な事態となってしまった。ＡＶ女優は〝若者の夢を台無しにする〟職業で、その仕事に誘導することは〝卑劣な犯罪行為〟なのだろうか。

当時の女優名で検索すると、現在でも坂本さんの膨大な数の裸の写真や映像が出てくる。

「ＡＶ女優になったこと、やってしまったことを心から後悔したのは引退後です」

企画単体女優として大活躍した坂本さんが、ＡＶ女優と新卒入社の会社を辞めたのは社会人1年目の6月。その後の話になってから、表情はさらに曇っていく。

「20歳前後の現役当時は若いし、将来のこととかなにも考えていなかった。そんなことAV女優の女の子たちは、誰も考えてないと思う。みんなバカだし、私もバカだった。AV女優をしたことのマイナスは、すごくある。終わってからのほうがある。辞めてから年齢的に大人になる、だんだんと自分がしたことの大きなマイナスがわかってくる。現役離れると、本当に目が覚める。本当に身に染みました……」

AV女優という経歴は、その後の人生の足枷《あしかせ》になったようだ。それまでの人間関係を断絶しても、アダルトビデオ店では本番映像が販売され、検索すれば無数の自分の裸の写真が出てくる。

「私は現役離れて、まずAV女優が、社会からどう思われているのかわかりました。業界の中にいると情報を遮断されているし、なにもわからない。けど、一歩外に出るとわかる。それまでは誰かと出会っても綺麗、可愛い、いつか結婚したいって言われていたのが、元AV女優だってわかると、ただのヤルだけの女みたいな扱いになる。辞めてから1~2年は合コンとか人が多い場所に行くと、誰かしらにバレた。一人に気づかれると、みんなに一瞬でまわる。そうなったら、もう視線が違うので安い女を演じなきゃならない。AV女優は自分がしたことなので、失礼って怒るのもおかしいし、溜め息をつきながら歯を食いしばって演じました。自己責任、差別されても平気なふりをするしかないです。それは、けっこうツライことでした」

消せない経歴のせいで最もダメージを受けたのは、引退してから3年後、彼氏に過去を知られたときだ。

「その彼にすごくヒドイことを言われ続けた。〝おまえは廃車だから〟〝もうこれからなにもできないクズだから〟って。そんなことを延々と言われた。その人にとっては『AV女優＝女として廃車』。みんなそう思っているよ、おまえがわかっていないだけって。おまえみたいなクズと結婚したいなんて男は、この世に一人もいないって。まあ、そっか。そうだよなって」

廃車、クズという言葉に、最初は抵抗した。

ある日彼氏が、出演したアダルトビデオ30本以上を買ってきたことがあった。「これを全部見て、自分がしていることの感想文を書け」と命令された。好きな相手だったので頷いた。

「一日中、鑑賞させられました。2週間くらい朝から晩まで、ずっと自分が出演したAV

を見た。彼氏に言われるまま気づいたこととか、なにを思ったとか、書きだした。本当にきつかった。自分が出演する映像を見ながら、何度も嘔吐《おうと》しました。本当に耐えられないほど、気持ち悪かった。私ってこんなことをしていたのって。見れば見るほど、気分が落ち込んで、最終的にはカラダが受け付けなくなった。それで嘔吐の連続です。AV女優として画面の中にいて、淫乱女みたいなのを演じている自分が女として気持ち悪かった。確かに廃車だと思ったし、クズだと思った」

当時のことを思いだしたのか、曇った表情から涙目になる。戻せない過去を好きな相手に徹底的に批難されても、取り返しがつかない。ヒドイ言葉を浴び続けるしかなかった。

「だって、人前で裸になって。全部見せて。恥ずかしいことを言いまくって、こんなことされてって。男の人はこんなものを見ているのか、みんな私のことをこういう風に見ているんだって。そう思ったら、気持ち悪くなった。彼氏に暴言を言われすぎて頭がおかしくなった部分もあるけど、結局、男の人はみんなAVを見るし、好きだけど、じゃあ出演する女と結婚できるのって。やっぱり全員が嫌じゃないですか。だから、みんなAVは見るけど、AV女優の悪口を言う。そういう現実を再確認したというか、深く身に染みた」

AV女優としての過去は、取り返しのつかないマイナスであることを自覚してから、結婚して普通の女性として生きることを諦めた。それから、彼女の恋愛は全部不倫だ。自分を否定してから、自分自身を卑下しながら妻子ある男性と恋愛する。不倫だったら、精神的に相手と対等でいることができた。

現在、渋谷区内の高級マンションに一人暮らしをする。妻子ある会社社長に囲われる愛人をしている。家賃生活費に月50万円の手当をもらう。優雅な生活だが、彼女は決して充実はしていないし、楽しくない。AV女優引退以降の7年間は、諦めるばかりの時間だったという。

「私、ずっと成績よかったし、運動も得意でモテて、こんなんじゃなかった。だから、私の人生こんなはずじゃなかったなぁって、いつも思います。今も、毎日そう思っています。でも、AV女優は自分で決めてやったことだし、誰も恨んでない。でも、こんなはずじゃなかったなぁ……って」

涙を浮かべながら、唇をかみしめる。話は終わった。現役時代に前向きでポジティブな超人気女優だった彼女は、渋谷でスカウトされた大学1年生のときの選択を心から後悔していた。

第二章　納得して出演している女性ばかりじゃなかった

次々と逮捕されるAV関係者

2016年6月、アダルトビデオ撮影に派遣したとして、AVプロダクション・マークスジャパンの元社長ら3人が逮捕、労働者派遣法違反で起訴された。同年7月、神奈川県内にあるキャンプ場でアダルトビデオの撮影を行ったとして女優、カメラマン、プロダクション関係者など52人が公然わいせつの疑いで書類送検。キャンプ場は貸し切り、公然わいせつには該当しないという声もある中での摘発で、結局全員が不起訴となる。

2017年1月、カリビアンコムに無修正動画を提供したわいせつ電磁的記録等送信頒布の疑いで、AV制作会社ピエロの社長ら6人が逮捕。社長のみが起訴され、他の5人は処分保留で釈放される。これらはすべて2016年3月、「国際人権NGOヒューマンライツ・ナウ（HRN）」によって「日本：強要されるアダルトビデオ撮影　ポルノ・アダルトビデオ産業が生み出す、女性・少女に対する人権侵害　調査報告書」と題された報告書が発表され、〝AV出演強要問題〟が社会問題化してから起きたことだ。

HRNがアダルトビデオの問題を大々的に訴えた大きなキッカケは、あるプロダクションが２０１５年、当時20歳だった現役女子大生に対して出演強要した事件だ。プロダクションはＡＶ出演を拒絶する女子大生に対し、２４６０万円の損害賠償を求め提訴した。裁判所はプロダクション側の要求を退けて事件は収束したが、これが、ＡＶ出演の契約書が無効である判例となり、〝ＡＶ出演強要問題〟が社会問題化したのだ。

呼びかけたわけではない。相談が来てしまった

２０１６年12月、ＨＲＮと協力してＡＶ出演強要問題に取り組む「ポルノ被害と性暴力を考える会（ＰＡＰＳ）」のフリー・ソーシャルワーカー、宮本節子氏が『ＡＶ出演を強要された彼女たち』（ちくま新書）を上梓《じょうし》した。著書には様々なケースがルポされている。騙された形でスカウトされて契約してＡＶ出演を余儀なくされたり、契約不履行で違約金を要求されたり、ＡＶ出演した後の人生が狂う女性たちの痛々しく、生々しい現実が描かれていた。

騒動の発端となったＨＲＮの報告書発表からしばらく経ったが、筆者は取材をお願いした。２０１７年1月、ＡＶ出演強要を問題提起するソーシャルワーカーの宮本節子氏のと

ころに向かう。指定された場所は、渋谷男女平等・ダイバーシティセンター〈アイリス〉。渋谷はAVメーカーやプロダクションが密集するアダルトビデオの主戦場でもある。PAPSはアダルトビデオに対して最も敵意を剥きだしにする女性団体である。編集者共々、かなり緊張してアウェーであるアイリスに足を踏み入れた。

――いったい、なにが起こっているのかお聞きしたくて伺いました。

宮本　私たちもAV業界が現在どういう状況なのか、どのような世界なのか全然わかっていません。AV出演を強要された女性たちはこちらが呼びかけたわけではなく、私たちのような支援者を探し求めて女性のほうから相談が来てしまったのです。そこで初めて実態を知りました。私たちはAV業界の構造や慣習について知識がない中、女性たちの相談に一つ一つ対応しながら、彼女たちに学びながら試行錯誤しているのが現状です。

――ご著書を拝読すると、PAPSは設立が2009年、AV出演を強要された女性からの相談が初めて来たのは2012年になっています。2012年1件、2013年1件と極めて少ないですが、2016年は155件と激増している。HRNの報告書によって社会問題化した影響でしょうか。個人的には、2012年に強要問題が発覚したのは遅いという印象があります。

宮本　外から見ればそう思われるでしょう。でも私たちの団体の中心は、婦人保護施設の職員さんたちです。私はソーシャルワーカーですけれども、中心になって動いているのは女性支援の職員です。自分たちが働く婦人保護施設にいる利用者のケアで精一杯で、外でどういうことが起きているのかリアルタイムにわかる立場ではありません。

――婦人保護施設は売春防止法によって制度化された公共施設ですね。

宮本　売春防止法は１９５６年に成立して以来、基本理念にまったく変更がありません。福祉関係の法律は社会の激動の中で理念は常に変わってきました。女性に関して言えば、女性の尊厳や平等に対する考え方、ジェンダーなどの概念が導入され著しい変化を遂げています。

　この歴史的背景を考えたとき、売防法の理念が制定後一度も見直されていないのは驚くべきことです。邪推ですけど、女の問題はどうでもいいし、特に女が性を売る問題はどうでもいいってことかなと思ってしまいます。ご覧になればわかる通り、女性差別のとんでもない時代遅れの法律。戦前の性を売る女を卑しめる風潮がそのまま法律に反映されていて、それが今でも続いているのです。

——ＡＶ業界では、婦人保護施設職員を中心とした団体を総じて〝女性団体〟〝フェミニスト団体〟などと呼んでいます。ＡＶやポルノに対する反対や抗議は、これまでもたまに起こっていましたが、婦人保護施設の職員たちが中心になっていることはあまり知られていません。

宮本　この20年ほどの間に、職員たちに「売春防止法を内部から変えていかないと」という考えが生まれました。職員たちの話し合いが始まり、私は、その中に外部委員みたいな立場で招かれました。利用者さんたちの状況を見ると、１９５６年に法律ができたとき以上に、女性の性の商品化は進んでいます。その現状を職員たちは目の当たりにしているわけです。そこには売春だけではなく、ポルノグラフィなどに関連した問題がついてきます。それに巻き込まれた女性たちが、ボロボロになって婦人保護施設にたどり着く現状があるわけです。

——性の商品化に巻き込まれた女性たちの悲惨な人生が、婦人保護施設に集積されているわけですね。それが長年続く、性の商品化と女性団体の対立の背景にあると。

宮本　たどり着いてくる女性たちの状況を改善していくためには、売春防止法の理念とか制度の枠組みを根本的に変えなくてはなりません。そうしないと自分たちの目の前にいるボロボロの女性たちは、社会的に生活再建をすることができないのではないかという、そういう発想です。

積極的にAV出演する女性が増えたのではなかったのか

各都道府県には売春防止法に基づいた婦人相談所がある。福祉事務所の相談員やソーシャルワーカーが困窮や生活難、DVなどに苦しむ女性を婦人相談所に紹介して、婦人相談所の措置決定で婦人保護施設に送致する。

ボロボロな彼女たちに対する支援は、経済的な生活保護だけでは足りないという。婦人保護施設まで流れる女性は、自立した生活ができないケースが多い。

AV業界は売上不振に苦しみながらも、出演したい女性は増え続けた。AV女優はむしろ供給過剰の状態にあり、騒動が始まった2016年3月のAV業界は、積極的にAV女優の仕事をする女性たちがほとんどを占めている印象で、それなりに平穏にまわっていた。そんな中で女性団体による抗議といえる〝AV出演強要問題〟が突きつけられた。

——日常のケア業務で忙しい婦人保護施設の職員たちは、どうしてアダルトビデオに問題意識を持つようになったのでしょうか。

宮本　先ほども申しましたように、職員たちは国に無視されて取り残された売春防止法に疑問を抱いていました。売春防止法がどういう理念で、どういう骨格になっているか勉強を始めたわけです。その過程で、たまたまバクシーシ山下氏が出版した『ひとはみな、ハダカになる。（よりみちパン！セ）』（理論社、２００７）を見てしまった。

山下氏は青少年向けにアダルトビデオの啓発書みたいなものをお書きになって、その存在を知った職員たちが、まあ猛烈に怒ったわけです。ポルノをあたかも女性の職業として、良いものであるかのごとく知らしめるような青少年向けの啓発書はいかがなものかと。そして、理論社に対して実際に抗議活動を始めました。

――バクシーシ山下氏は有名ＡＶ監督です。理論社は児童書の老舗出版社で、アダルトビデオ関連の本を子供に向けて販売したことが問題となったわけですね。

宮本　抗議に関しては婦人保護施設や女性団体だけではなく、性暴力被害を受ける人たちが集積する場所、つまり、児童養護施設とか、知的障害者施設、母子生活支援施設などに狙いを定めて、全国的にビラを撒《ま》きました。すると、各団体からは当然抗議するべきという声があがりましたし、児童養護施設、知的障害者施設の職員からの反響もすごかった。

自分のところにはこういう被害を受けた人がいるという手紙も届きました。アダルトビデオが女性を性商品化することでいかに女の子たちが巻き込まれているか、とか。

婦人保護施設というのは福祉業界の中ですごくマイナーな施設です。さらにその末端にいる現場職員たちが動き、声をあげ、結果的に1万筆の署名が集まった。まあ、理論社はまったく耳を貸しませんでしたが。

――バクシーシ山下氏の著書の内容ではなく、有名な児童書の出版社が販売したことが問題だと。

宮本　もちろん山下氏には、表現の自由がありますから。その抗議活動をキッカケにせっかくこうやって動いたのだから、もう少し形あるものにしていこうというのがPAPSの始まりになります。PAPSができたのは2009年で、そういう経緯です。映像作品を見ないまま抗議はできないので、山下氏の代表作は見ましたよ。

――おそらく有名なレイプAV「女犯」でしょうか。90年代前半に話題になった18禁の映像作品です。90年代前半にも「女犯」に対して女性団体による抗議活動があり、一部で話題になりましたが、出演女性に許可をもらった上での撮影ということで話は終わってしまった。今回のような大きな問題にはならなかった。

宮本　女性を徹底的に侮蔑し、侮辱して痛めつける。そして、さらし者にする。そういう文脈自体にウンザリしました。他の映像作品の中にも女性を侮蔑したり、侮辱したりする場面はあるけれども、コンテクストそのものはそれが目的ではない。ですが山下氏の映像作品は、女性を侮蔑し、さらし者にすることがコンテクスト。女の身体をここまでおもちゃにできる、ここまでできる、という内容に怒りを覚えました。出演している女性が納得しているのか、納得していないのか知らないですけれども、本物とか演出とかに関係なく、作品の内容に引いてしまったわけです。

——施設職員たちは児童書出版社の出版物から始まって、過去に問題になったバクシーシ山下氏の「女犯」を知り、アダルトビデオに注目した。そこでＡＶ出演強要の実態を知って、社会問題化しようという流れになっていったのですね。

宮本　仮に演出としても医療でいうインフォームドコンセント（詳しく説明を受けた上での同意）、事細かく、ワンシーンごとに、こういう風にあなたはする、とすべて説明されたら、ほとんどの女性は出演しないのではないでしょうか。

宮本氏の『ＡＶ出演を強要された彼女たち』には、ＰＡＰＳが援助した、ＡＶ出演を強要された女性たちの生の声が描かれる。女性たちはタレントになれる、高収入が得られるなどの勧誘に乗って、内容を理解しないまま契約書にサインしてアダルトビデオ制作のプロセスに組み込まれる。その後は引き返すことができず、悩み混乱した末に支援団体であるＰＡＰＳに駆け込んでいる。

相談件数は２０１２年1件、２０１３年1件、２０１４年29件、２０１５年83件、２０１６年は１５５件と、２０１５年を境に飛躍的に増える。ＡＶ出演強要問題を扱う報道番組では、このＰＡＰＳの相談件数がグラフ化され、最近になって激増しているという報道がされている。実態はまったく異なる。

タレントになれると嘘の勧誘でアダルトビデオに誘導することは、ずっと昔からあり、２０１５年のプロダクションによる２４６０万円の損害賠償請求事件がキッカケとなって、実態がその時期に可視化された。被害者が支援団体の存在を知って、相談に駆け込んだというのが本当のところだ。ＡＶ出演強要が最悪な状態だった90年代に同じ報道がされたら、相談件数は一桁増えていた可能性が高い。

どちらにしろ、ＡＶ業界は自ら地雷を踏んでしまったことになる。

２０１６年８月31日時点で相談を受け始めてからの累計相談数は２１８件になり、そのうちアダルトビデオに関する相談は164件である。その相談内容は一人の中で重複しているが、〝AV回収・販売停止・削除〟が77件と最も多く、〝騙されて出演〟70件、〝意に反した販売〟55件、〝AVを辞めたい〟35件、〝違約金問題〟33件、〝出演強要〟22件と続く。

アダルトビデオは年間数万本が発売される。AV業界の当事者からは極めて少数の悪徳な一部に過ぎないという声もある。しかし、筆者は数の多さに驚いた。特に70件の〝騙されて出演〟と、22件の〝出演強要〟は早急な改善が必要な十分に大きな数といえる。

人間の哲学がテクノロジーに追いつかない

ネットが一般化する90年代以前のAV業界は、騙したり脅したりして出演させる「出演強要」は、間違いなく常態化していた。当時、AV女優は極めて不人気で供給が足りなかったことが理由だ。被害にあう女性があまりに多すぎ、騙されて出演することは半ば公然となっていた。

2000年前後から自ら出演したいと応募してくる女性がポツリポツリと現れ始め、アダルトメディアの需要減少と一般社会の雇用崩壊なども重なって、2004年あたりを境に需要と供給が逆転する。AV女優は誰でもなれる職業ではなくなり、スタート地点に立つまでに競争が起こるようになったのだ。その中で騙したり脅したりする出演強要は実際に劇的に減った。

この10年間は、自分の意思に反して出演するＡＶ女優は、ＡＶ業界で普通に仕事をしている限りほとんど見ない。自然現象的に起こったＡＶ業界の健全化は10年以上かかわる関係者の間では共通認識になっており、ほぼ全員に似たような肌感覚はあるはずだ。

しかし、宮本氏の著書『ＡＶ出演を強要された彼女たち』には強引なスカウトや契約書管理、脅しや違約金の請求の実態が綿々と記される。２０１６年3月のＨＲＮの報告書発表以降、出演強要は社会問題になり、ＡＶ女優当事者による告発も続いた。

かつての出演強要の悪習は、現在でも主に単体女優の世界で残っていたことになる。上位5パーセントのＡＶ女優トップ層に対して、男性視聴者やＡＶメーカーの要求水準は高い。応募してくる女性の中から、その水準の女性を見つけるのは至難の業だ。そこで強引な人材獲得、契約書で拘束する契約書管理は継続されていたことになる。

――タレントになれる、芸能人になれるなど、甘言による強引なスカウトによって意に反して出演し、違約金を請求される契約書によって後に引くことができないケースが書かれていました。プロダクションやスカウトによる人材獲得、人材管理方法が問題なのでしょうか。

宮本　スカウトや誇大な求人広告によってＡＶのシステムに組み込まれるのはキッカケであって、最終的な問題は映像として残り続けることです。そのことによって女性は傷つき、立ち直れなくなる。

――ＡＶメーカーは映像を売るビジネスです。映像が残ることが問題というのはあまりに根源的なことで、当然対立するだろうし、簡単に解決しようがないように思います。

宮本　今日に至るテクノロジーの進化に、人間としての哲学が追いついていないことが問題なのです。要するに10代や20代のまだまだ未熟な女の子たちは、出演する前段階ではそういう状態になることを想像していない。現実を見て本当にパニックになって、私たちのところに飛び込んでくる。

――人によってはバレない、みたいな嘘をつくだろうし、多くの女性がその窮地に追い込まれることは想像がつきます。相談内容は〝ＡＶ回収・販売停止・削除〟が最も多いですね。商品の回収は、当然ＡＶメーカーは拒絶する。映像が残ることに女性たちが混乱するケースでは、どういう支援をされるのでしょうか。

宮本　回収できるものは回収、停止できるものは停止を求める。未成年の場合、メーカーは応じることが多い。弁護士を通じて契約破棄、商品は回収、販売停止にしてくださいって申し入れをします。未成年でない場合はその出演に至ったプロセスを丁寧に聞き取り、申し入れできる、できないを判断します。

――前向きに出演して、契約に瑕疵《かし》がなければ申し入れはできないということでしょうか。

宮本　それぞれ。そもそも本当に納得して出演しているのであれば私たちのところには飛び込んでこないでしょう。出演するプロセス、納得できなくなったプロセスは異なります。粘り強く２００人２００通りの方法を考えます。回収に応じないメーカーさんは、もちろんいます。今でもずっとこじれている案件もある。現段階では裁判に持ち込んだケースはないけど、裁判に持ち込む女性が出てくるのは時間の問題でしょうね。

――求人やスカウトで出演に至った過程に瑕疵があるか、ないかを調べるわけですね。過程に瑕疵があれば、交渉の余地が広がると。

宮本　そうです。ただ時効の問題があります。5年、10年前の話はそう簡単にはいかない。ずっと垂れ流されてしまいます。そういうケースでは精神的なトラウマをどうするかというケアになります。回収、差し止めができる可能性がある限りは、その可能性を追求します。

――繰り返しますが、出演した本人が嫌がっているから回収ではなく、出演過程に問題があるから回収しろと要求するわけでしょうか。

宮本　そう単純化していいのかわかりません。自分の最もプライベートな性的行為の映像の扱いについて、現時点では本人が嫌だと言っていることが重要なポイントです。作品というものは本来消えないものです。しかし、自分の性が丸出しにされた重要なプライバシーが、未来永劫《えいごう》、流されていいのかどうか。それについて社会の体制が追いついていない現状があります。さらに女の子たちは、そのリスクを全然わからないまま出演してしまっている。

――出演を後悔した女の子は、ひどいケースでどのような状態なのでしょうか。

宮本　気の毒ですよ。本当に気の毒。状況はそれぞれですが、例えば外出できない。道を歩いていて、あなた〇〇さんだよね、って出演名で声をかけられたことでパニックになって、怖くて何年間も家から外に出ることができないとか。自尊感情が破壊された、人と会話ができない、仕事ができないとか。精神科に通院している方たちもいます。通常の社会生活が送れない女性もいます。また好きな人ができても近づけなくなるという例もあります。

アダルトビデオは日本の男性社会の象徴

――今、個別で支援されている。法整備も含めて、宮本さんはアダルトビデオがどうなればいいと考えていますか。

宮本　その質問は取材のたびに聞かれます。私には答えようがありません。アダルトビデオは一種の社会現象です。なぜそれが存在できるかは、男性と女性の社会における関係性を考えなければなりません。アダルトビデオは圧倒的に男性が主体であり、女性は客体です。揺るぎないそういう構造があります。今、日本は、賃金や労働条件にしても、男性と女性は平等ではありません。その偏った構造が最も象徴的に出ているのが性の問題であり、アダルトビデオなのです。

――AV業界が圧倒的な男性社会というのは、本当にその通りだと思います。

宮本　自慰行為は別にして、本来は男性と女性がいて、初めて交換できる性の快楽がある。その性の快楽を得るため、お互いに相手が必要なわけですよね。相手の必要度ということでいえば、本来、フィフティ・フィフティなはず。でもアダルトビデオの場合は圧倒的に男性が主体、女性が客体。歪《いびつ》な構造ができあがっています。

——男性視聴者の需要が根本にあって、男性中心の関係者がその需要に応えるというシステムです。客体である出演女性は容赦なく消費されるし、業界ぐるみで正確な情報は与えない、女性たちの負担ばかりが著しく大きくなっています。

宮本　社会構造としてのミクロレベル、メゾレベル、マクロレベルと考えた場合。ミクロの現象をどういう風にメゾに落とし、マクロとして制度に落としていくかということに関しては、現段階でなにをどうすればいいのか、よくわからないのが正直なところです。

——まだ、調査中ということですね。

宮本　現時点では、私たちは相談に対応するだけで精一杯です。私たちはアダルトビデオ業界全体を見ていません。私たちが見ているのは、現段階では200人程度。これから全体の状況を見るのは私たちではなく、内閣府などの政策側だと思っています。

業界関係者は状況を把握できていない

ＰＡＰＳやＨＲＮによってＡＶ出演強要が社会問題化してからＡＶ業界は混乱している。逮捕摘発も続き、戦々恐々としている。業界上層部は嵐が過ぎ去るのを待つか、防戦の一方で、業界大手のAVメーカーであるCAは、親会社のDMMによって売却されてしまった。AV業界側から被害にあった女性たちへの対応がほとんど聞こえぬまま、現状維持で撮影や販売は継続されている。

一方、女性団体側は今回のAV出演強要問題の解決という一つの目標に向かって、複数の団体がタッグを組んでいる。

強要被害にあった女性たちを直接支援するのは福祉関係者の有志が集まったPAPS、それと人身取引被害者サポートセンター・ライトハウスだ。ライトハウスの藤原志帆子氏は未成年売春やJKビジネスに危機感を覚え、10年以上前から活動を続けている。そして記者会見など、矢面に立つHRN伊藤和子弁護士はPAPSやライトハウスの活動に共感して、積極的にロビイング（政策提言）を担う。伊藤弁護士が直接被害者支援をしているわけではなく、アメリカ国務省や日本の政党に対して現実を伝え、政策としての取り組みを訴えている。伊藤弁護士は、地道に活動するPAPSやライトハウスの最強サポーターであるという印象だ。

そして、彼女らのロビイングにはアメリカ国務省がかかわってくる。人身取引に長年取り組むライトハウスの起源は、アメリカのポラリスプロジェクトであり、伊藤弁護士が所属するＨＲＮは国際人権ＮＧＯだ。ライトハウスと伊藤弁護士はアメリカにとにかく強く、今回のＡＶ出演強要問題だけではなく、海外に向けた情報発信は活動の軸となっている。
ＡＶ出演強要問題では、とにかく伊藤弁護士が目立つ。伊藤弁護士の「アダルトビデオ撲滅」という個人的な目的のため、ＡＶ業界を必要以上に攻撃しているという認識の人が多いが、その見方はかなりズレている。
さらに伊藤弁護士というモンスターが国家や警察まで動かしているみたいなことを言う人もいるが、伊藤弁護士にそんな権力があるはずがない。伊藤弁護士のＡＶ出演強要問題のロビイング担当者としての仕事は、与党である公明党が対策プロジェクトチームを設置し、政府機関である内閣府男女共同参画局が被害撲滅に向けて動きだした時点で、ほとんど終わっている。

――ＡＶ業界は改善以前に、なにが起こっているのか把握できていないと思います。メーカーはかなり気を使って撮影、プロダクションは詳細な説明をしてから女優たちを斡旋しているようですが、基本的には現状維持の状態です。

宮本　２０１６年６月にＣＡに家宅捜索が入り、ＡＶプロダクション・マークスジャパンの幹部が逮捕された事件を受けて、業界団体の知的財産振興協会（ＩＰＰＡ）が今までの反省と、これから改善するという声明を出しましたね。海賊版を潰している団体ですよね。クリーン化がどうはかられるのか、様子を見るしかありません。

――マークスジャパンは労働者派遣法違反で起訴された。ＡＶ撮影は有害業務ということで、プロダクションによるアダルトビデオ撮影現場への人材斡旋はすべて違法ということになってしまいました。

宮本　労働者派遣法を持ちだされたのは驚いたと思います。そもそも一連の強要問題が可視化されたキッカケは、プロダクションが女性に２４６０万円の損害賠償を求めた事件です。契約はあるけれども、契約の内容は労働者派遣法に違反する。契約を締結しているかどうかが問題ではなく、根本的な契約内容が労働者派遣法に違反するという法論理です。原告のプロダクション側は訴えを棄却されて、上告しなかったので、これが判例になりました。簡単にいえば、有害業務のために締結された契約は無効ということ。性行為を行うことを知って女性を派遣することは、公序良俗に反する。そういう判断です。だから違約金で悩むことはないと女性たちにはもちろん伝えていますよ。

――ＡＶ業界側で声をあげているのは、元ＡＶ女優の川奈まり子さんが社会問題化以降に設立した一般社団法人表現者ネットワーク（AVAN）だけです。AV業界の主要な方々は、沈黙を貫いている。今、業界が怖がっているのは、なにが起こっているのかわからないし、産業が潰されちゃうのではないかということです。

宮本　私もAV業界がどうなるかはわかりません。ただ被害にあった女性を徹底的に支援する、それだけしか言えない。そして、社会全体でアダルトビデオとはどういう存在なのかを考えていかなければならない。結論的には、そこに行くはずです。男性と女性の非対称性が極端に組み込まれているアダルトビデオは、その構造があって初めて成立するビジネス。その構造が変化すれば、また違う形になるでしょう。

――宮本さんが指摘される男尊女卑的な意識は、アダルトビデオ業界には本当に深く根付いている。根本から見直さないとその構造は変わらないし、あまりに大きな話なので業界上層部の人たちは、末端の女性たちが被害にあっていることに問題意識はあっても手も足も出せない。

宮本　女の子たちは有名になりたい。タレントになりたいという願望を持って飛び込んでくるわけでしょ。それが食い物にされちゃっている。そうではなく女性が普通に働いて、男性と同じように持続的に稼げるようになれば、また話は違ってくるかと思いますけどね。

――現状のアダルトビデオは、どうしても出演女性は使い捨てという構造になっている。AV女優は情報を遮断されているし、本人が希望しても長く続けることができない。技術やキャリアを需要側が認めない部分もあります。

宮本　その使い捨てられた一部の女性たちが婦人保護施設に流れてくる。だから職員たちが怒る。本当に社会の男女の非対称性が象徴的に出ている。本来はもっと早く社会問題化していかなければならなかったと思います。なのに、それを知る人たちが今まで誰も発言しなかった。あなたも、そうですよね？　だから私みたいななにも知らない人間が、怖いもの知らずで発言をしたわけです。

性を買う側を社会的にどう考えるのか

――AV業界には労働組合もないし、基本的に銀行との付き合いもありません。要するに必要悪として社会の片隅にいた存在です。近くにいる者としては労働問題として誠意ある対応は欲しかったけど、今のところなにもないし、動く気配もない。

宮本　ただ別問題として、男性側の需要はまだたくさんあるでしょう。その需要は違うところ、ネットに流れていくのではないでしょうか。

――アダルトビデオの市場規模は500億～600億円程度です。大きくありません。現在活躍するAV女優の女性たちは、いくらでも他に行き場所はあると思いますが、多くのAV関係者にはない。AV業界は男性AV関係者のセーフティネットなのです。だから彼らは最後の最後まで粘るだろうし、職を失うほど締めつければ普通に地下に潜るだろうと予想します。需要の話が出ましたが、宮本さんは売春防止法で男性も加害者として罰するべきだと思われますか。

宮本　買うほうに関しては、今までまったく対策が立てられていなかった。視野にも入っていなかった。売春防止法にも書かれていない。買うほうをどうするのかは、これからキチンと論議しなくてはいけない。今の日本の社会制度では、買ってもいいけど売ってはいけないという考え方。少なくとも買ってはいけないけど、売ってもいいという制度に転換しなければなりません。

――おー。女性たちは売ってもいい、ですか。買うほうを罰すれば、犯罪者だらけになるかも。

宮本　だって、売らなくては食べていけない人たちがたくさんいるのですよ。ものすごい論理矛盾だということは承知しています。私の口からそう言うのは、舌から血が出るような話だけれども。でも、そういう現実はある。今まで買ってはいけないけど、売ってもいいよって話は歴史的にも出ていません。

――AV業界は深刻な需要減に悩んでいますが、売春という大きな枠では買う需要はとてつもなく大きい。女性たちへの再分配でもあるし、貧困女性の大きなセーフティネットになっているのは紛れもない事実です。

宮本　〝セーフティネット〟と言ってしまっていいのでしょうか？　疫学的な調査がないからわかりませんが、10年後、20年後の女性の人生を考えるとき、この〝セーフティネット〟は、女性も社会も豊かに安定させているでしょうか？　また、今はトランジットの時期。買っちゃいけないけど、売ってもいいというトランジットの時期がないと混乱するでしょう。いきなりということには、なりにくい。

AV出演強要問題はブラック企業問題と地続き

――内閣府が情報を集めたり、公明党がAV出演強要の対策本部を作ったり、非常に大きな話になっています。35年のAV業界の歴史の中で経験したことのない事態です。すでに現状維持は不可能だろうという領域ということでしょうか。

宮本　本当に話はどんどん大きくなっていきます。私はレクチャーに呼ばれれば、公明党だろうが共産党だろうが自民党だろうが喜んで行きます。内閣府男女共同参画局はヒアリングをやっていますし。ＡＶ業界がどうなるかはわからないけれども、今のアダルトビデオは現状維持では継続できないでしょう。私は外野席にしかいない人間なので内部のことは存じませんが、少なくとも彼女たちの話を聞く限りにおいて、業界は潰れるべくして潰れるだろうと思います。しかし、ネットというテクノロジーが代替するでしょう。個人が個人的に参入して楽しめる世界を切り開きましたから。

ＡＶ出演強要問題は、一つのプロダクションが出演拒否した女性を追い詰めるために提訴したことから可視化が始まった。それから末端で働くＡＶ女優や元ＡＶ女優たちが、支援団体に頼る方法を知り、現在進行形で続々と問題が明るみに出ている。女性団体にはそれぞれの理念や思惑があるかもしれないが、訴えを聞いて実際に抗議をする存在は労働組合に近い。

この数年、ＡＶ業界だけではなく、あらゆる産業で末端の労働者に対する違法行為や理不尽な労働は糾弾されている。ＡＶ出演強要問題は２０１２年あたりから噴出した一連のブラック企業問題と地続きにあるといえる。

ワタミ、電通などが代表する様々な企業が労働環境の改善を迫られたことと同じく、AV業界も末端で働くAV女優たちの労働環境改善を強く迫られているということだ。

第三章　歌手になりたくてAV作品に出演

「私を取材しませんか?」と声をかけられる

2017年2月、朝日新聞社メディアラボ渋谷分室で「メディアのタブーを超える～AV出演強要問題から見えたもの～」というイベントがあった。公明党佐々木さやか参議院議員がVTR登壇し、人身取引被害者サポートセンター・ライトハウス藤原志帆子氏が支援の現状を報告、元AV女優くるみんアロマさんが自らのAV出演強要体験を語った。

AV出演強要問題は2016年3月、HRNの報告書「日本：強要されるアダルトビデオ撮影　ポルノ・アダルトビデオ産業が生み出す、女性・少女に対する人権侵害　調査報告書」から始まった。報告書が発表された当時、たまにトラブルは聞くものの、AV業界は平穏にまわっていた。報告書と記者会見によってAV出演強要問題が社会問題化し、その3カ月後に業界最大手のマークスジャパンが摘発されて報道は過熱した。

元AVライター（とても現役AVライターとはいえない）である筆者にも、強要問題に関する執筆やコメント、NHK「クローズアップ現代＋」の出演依頼などが来た。全部丁重に断った。理由は筆者自身が「現在、なにが起こっているのか」を理解できていなかったからだ。

強要問題が顕在化してからのＡＶ業界に対する社会の認識は、ＡＶ業界の平穏な日常からは離れていたし、猛烈に攻勢を仕掛ける女性団体側にも違和感があった。自分なりになにが起こっているのかを理解できるまでに時間がかかった。

筆者は社会問題化から半年以上が経って、出演強要は主に単体ＡＶ女優の獲得において残っていたこと、出演強要の定義が女性団体とＡＶ業界では異なること、社会、世間では、一例の被害も許されないこと、筆者も含めたＡＶ関係者の今までの常識は、到底社会に理解されないことを知った。

「あのう、ナカムラさんですよね。私を取材しませんか？」

イベントの帰り、エレベーターの前で登壇したくるみんアロマさんに声をかけられた。

「伊藤弁護士やライトハウスにＡＶ関係者に会うのは危険。やめなさいって言われているでしょ？」と聞くと、「大丈夫です。自由にやりなさいって言われていますから」と言う。

翌々日の午前中、原宿で会うことになった。

くるみんアロマさんが出演強要された話は、すでに様々な場面で語られている。被害撲滅のため顔出しを承諾する彼女は、女性団体側の被害告発の切り札となり、その具体的な被害は一般社会だけではなく、内閣府男女共同参画局やＡＶ出演強要問題に取り組む政治家たちに共有されている。

要するに彼女の体験は被害を告発する女性団体やその支持者を超え、法整備する国家が認識するＡＶ出演強要問題を象徴する体験であり、もはや彼女の被害に対する一切の反論は許されない段階になっている。現在、なにが起こり、なにが問題になっているのか？具体的な問題が凝縮されるくるみんアロマさんの話を、元ＡＶライターという立場から聞いていく。

口説き文句は〝稼げる〟から〝有名になれる〟へ

大学４年生（２０１２年）の夏、新宿アルタ前で男性スカウトから声をかけられる。

「グラビアできる女の子を探しているって。同じ男性スカウトに2度声をかけられて、２度目に応じました。音楽をやりたいことを話したら、興味を示してくれた。音楽もできるって。それで話を聞こうと思った。せいぜい30～40分だったけど、短い時間の中で熱心に聞いてくれた。そのスカウトマンにいろいろ夢を語って、この人について行けば、もしかしたら夢が叶うかもって感覚になりました。就職活動も終わって内定を受けていたけど、音楽でデビューしたいって夢もうっすらあった。でも単なる夢、レッスンを受けているのかといえば、受けてない。それでボイストレーニングやらせてあげるって言われて、チャンスかもしれないって思った」

AV女優は応募8割、スカウト2割程度と言われる。スカウトは路上で声をかける行為だけではなく、人からの紹介も含まれる。

スカウトマンはスカウト会社に所属する。現在、路上スカウトは、都道府県の迷惑防止条例ですでにこれ以上はないほど規制されている。法規制前は、それなりの若い美人が新宿駅から歌舞伎町まで歩くと、5分程度で10〜20人に声をかけられるような混沌《こんとん》とした状況だった。性風俗やキャバクラ、AVなどに女性を強引に誘導することが問題となって、都道府県の迷惑防止条例で禁止された。

法改正の流れは2004年にスカウト行為が禁止、2008年に「立ち塞がり」「つきまとい」「キャバクラ等への仕事の斡旋」と具体的な行為が明記されて、2012年に「公衆の目に触れる場所で相手方を待つ」行為が禁止され、路上に立つことすら禁じられることになった。違法な業種なので暴力団と密接な繋がりがある。スカウト会社はその土地の暴力団にお金を払い、スカウト行為を許可されるシステムで、特に新宿や渋谷は細か活動区域が決められている。許可なしにスカウト行為をすると、すぐに暴力団関係者がやって来て金銭の支払いを求められたり、厳重注意をされたりする。

法規制後の2012年に彼女に声をかけた男性スカウトは、すでに違法を自覚して地下に潜った存在だ。違法業種なので税金を払うことはない。さらなる規制は法を活用して摘発する、罰則を重くすることくらいだ。

スカウトマンは違法だが、悪いことばかりではない。彼らは性風俗やキャバクラ、アダルトビデオの世界に詳しく、女性の仲介役となる。良心的なスカウトマンは女性の希望を聞き、能力に見合った最も稼げる店舗を紹介する。ミスマッチが少なくなり、女性たちは安心して合理的に働くことができる。AV業界では、女性は商品だ。違法な業者からの商品の仕入れは、法律で禁止された後も普通に継続されている。

「芸能界に興味があった。そのとき、22歳。22歳からデビューは遅いけど、やるならば今だよねって。そう、何度も言われた。それもそうだな、と思った。このチャンスを逃したら、もうないなって。あったとしても、時間切れだろうって。今しかないかもって。大学では、真面目。でも、やっぱり華やかな世界には憧れた」

AV業界擁護派の意見は「それは自己責任」

芸能界に憧れる女性をAVに誘導することは、80年代の初期から行われている。特に2008年以降は人気AV女優が芸能界に進出したり、最近ではパチンコ台になったりと、大きな支持を得ている。2000年代後半からの本格的なAV不況で、AV女優の格差は広がって簡単には稼げなくなった。AV女優はずっと稼げる仕事の代名詞だったが、女性を誘導するための口説き文句は〝稼げる〟から〝有名になれる〟にシフトしている。

AV出演強要問題が社会問題となって、朝日新聞系のメディアで彼女の被害は報道された。筆者が真っ先に覚えた違和感は、「音楽デビューとAV女優はまったく違う仕事でしょう？」ということだった。違法な存在であるスカウトの甘言に乗るのはリテラシーが低いし、AV女優になることは自分で決めている、それって自己責任では？　という現在進行形でAV業界擁護派に溢れる意見は、筆者も当初強く感じたことだ。

さらに、極端な成功例や良いことだけを伝えて、対象を目的に誘導する求人はあらゆる業種で行われている。どうしてアダルトビデオだけは厳しい批判にさらされるのか？　という疑問はしばらく胸の底に残った。

しかし、彼女のような真面目で純粋な女性は、芸能界やアダルトビデオに関する情報はなにもない。リテラシーが低いのは当然だ。音楽デビューという餌で釣って、法律的にグレーな裸ビジネスに誘導する行為は悪質、という現在の社会的な判断は、冷静になって考えれば至極妥当である。

「1週間くらい経って、そのスカウトマンから改めて事務所に案内するって言われた。案内されたのが所属事務所でした。事務所に歌手になりたいって話したら、まずは話題性を出すためにヌードって話になった。雑誌でデビューという話になって、有名な週刊誌に載るチャンスがあるから出版社に行こうってなった。すぐに現役女子大生ヌードみたいなグラビアが決まった。このグラビアデビューは、すごいって言われた。でも、ヌードだから。私すごいって人に自慢できるような話じゃない。だから人に言えなかったし」

スカウトやプロダクションは、スカウトした女の子を本人が「やる」と言うまで手を替え品を替え説得する。関係者の間で「クロージング」と呼ばれる作業であり、スカウトマンが担当する、プロダクションが担当する、両者で共同して口説くと、様々なケースがある。

初ヌードが掲載されたのは、大手出版社の有名週刊誌だった。誰でもできる仕事ではなく、〝話題を作って有名になりたい〟という意思を汲《く》んだ、選ばれた女性だけの華やかなスタートといえる。しかし、グラビアアイドルやＡＶ女優として有名になるステップとしては最高のスタートだが、彼女はあくまでも歌手になるためのステップだと思っていた。話題になって歌手デビューしたい彼女と、ＡＶ女優デビューを短期目標にグラビアデビューさせたプロダクションの思惑には、埋めることができない大きなズレがある。ＡＶ業界ではよく聞く話で、芸能界をチラつかせての誘導がキッカケだったが、結果としてＡＶ女優活動に前のめりになる女性も大勢いる。

プロダクションもＡＶ撮影現場も、基本的には商品であるＡＶ女優を大切にする。女性たちは頑張るほどファンが増えて、関係者に大切にされて承認欲求が満たされる。そのような好循環は、ＡＶ業界の日常風景だ。成功体験が多いことから、筆者を含むＡＶ関係者は感覚が麻痺するのだ。

さらに嘘をついて裸にさせるのは悪質な出演強要で、許される行為ではない、というのは社会問題化以降の現段階での世論である。公明党佐々木さやか参議院議員も「意に反して出演を強いられる被害。極めて重大な人権侵害」と断言する。前向きなＡＶ女優もたくさんいるという話では、この世論に待ったをかけることはできない。意識を変える必要がある。

長年、AV関係者だった筆者は、感覚が麻痺していた。芸能界をチラつかせて裸の仕事に誘導する出演強要を理解するまで、しばらく時間がかかった。実際、現在進行形で彼女に「自己責任」「自業自得」「強要でない」という言葉を浴びせかける人は多い。それはクオリティーの高い女性を仕入れるためには、一部の被害は仕方がないという、脈々と受け継がれてきたAV業界の体質といえる。

「年が明けて、サイパンで週刊誌のグラビアと絡みのないDVDを撮影しました。泣きました。そのロケが決まってから、私はこんなことしていいのかなって。自分は終わりなんじゃないかって不安があった。親に申し訳ないと思ったし、やっぱり自分は裸の仕事をしたいわけじゃなかったから。でも夢を追いたい自分との葛藤があって、流されるまま撮影した」

当時、大学の授業中にそのときの気持ちを〝葛藤があって、どうしていいかわかりません。夢を追いたいから、信じて進みます〟とノートの片隅に書いたという。

「プロダクションの言っていることが嘘だったら？　もし嘘だったらどうしようって不安

があったけど、疑っていたら前に進めない。とにかく信じる。信じようって思った。事務所からは男優と絡まなければ大丈夫って、最初は言われていた。ヌードは芸術みたいなものだし、絡まなければ全然おかしいことじゃないって。最初のヌード撮影までは、絡みがあるとは一切言っていなかった。ヌードになってからの仕事は、ニコ動とかちょっとした番組だけ。グラビアアイドルとしての話はあったけど、内容は全部エッチ系。自分が思っていたような流れにはならなかった」

裸の世界は儲けることが正義

2000年代半ばから単体女優は、どう付加価値をつけるかが重要になった。視聴者がよりクオリティーの高い女性を求めるため、美人、可愛い、綺麗だけでは商品力が弱く、芸能人、元芸能人、グラビアアイドルなどキャリアに冠をつけて売るようになった。芸能事務所と提携してAVデビューありきで、先にグラビアデビューさせたりする。ずっとAV業界と芸能界は別世界だったが、スカウト会社、プロダクション、AVメーカーが協力、提携することでその垣根が、だんだんとなくなっていった。

裸の世界は、儲けることが正義で人権が置き去りになっているのは女性団体の指摘する通りだ。ＡＶメーカーもプロダクションも、女性を使って最大の利益を目指すし、過半数は存在する、短期的にお金のために裸になる女性たちはそれを望んでいる。

芸能界とＡＶ業界の垣根が低くなり、芸能活動はＡＶ女優の職務の範疇《はんちゅう》となった。しかし、彼女が目指していたのは歌手だ。グラビアや裸の世界とはまったく別で、有名になるキッカケの提供以外はマネジメントのしようがない。そのキッカケがＡＶ出演だったわけだ。

「音楽の話はどうなったのってずっと心配で、事務所に連絡した。それで事務所の人と接触するたび、ＡＶの話を切り出されるようになった。事務所の人と会うたびに、ＡＶの話になった。またその話か、みたいな。説得をずっとされた。事務所は新宿のタワーマンションを買ってサウナつきの部屋に住めるとか、そんなことも言っていた。おまえが腹をくってくれるなら、そこまでやるって」

1年近く、ＡＶ出演を口説かれた。

「最終的には信じることにした。それしか前に進む道がなかったから。音楽は地道な活動をしても、運がよくて10年くらいかかるって言われた。売れるまで本当に大変だって。だから思い切ってＡＶ女優になって、男優と絡んで、それで売れたほうが近道だって。今は

ＡＶ女優が出演する番組も流行っているから、すぐにチャンスが来るから出たほうがいいよって。仕事以外でも、超有名人の名前を出してこの人と食事に行こうとか、飲みに行きたい？　今度紹介するねとか。うまい話をとにかくされた。半分くらいは信じていた」

スカウトマンやプロダクションは基本的に損得勘定で動く。長期に及ぶ説得は、単体デビューを見込める女性でないと踏み切らない。

出演強要は主にＡＶメーカーと本数契約をしてデビューする、単体ＡＶ女優の獲得の際に起こる。単体ＡＶ女優に求められるスペックはどんどん上昇し、冠も必要になり、この10年は本当にスペックが高い女性しか単体デビューを手にできない。玉石混淆の応募の女の子が単体女優になれる確率は５００人に１人とも、１０００人に１人とも言われている。『週刊文春』にスカウト段階で脅迫や洗脳があったことを実名告発した香西咲さん、ブログで出演強要を訴えた星野明日香さん、書籍で強要されたデビューを綴った麻美ゆまさん、歌手になりたかったのにヌード撮影に誘導された穂花さん、そして第一章の徹底的に脅されてＡＶ女優になった坂本さん、全員単体女優としてデビューしている。

単体女優の発掘は非常に困難だ。単体ＡＶ女優にメーカーが支払う出演料は１００万〜３００万円と高額で、スカウトマンの収入となるスカウトバックも売上の15〜30パーセントと、風俗店やキャバクラと比べると2〜3倍。スカウトバックが高額なのは、手垢《てあか》のついていないスペックが高い女性を、リスクが高いAV女優にするための説得が困難だからだ。AVに誘導するためにスカウトマンが女性と恋愛関係になったり、同棲したりするケースも日常的にある。

スカウトマンやプロダクションは続々と新しい女性を発掘して、説得し、アダルトビデオのシステムに組み込んでいく。一般的な労働と異なって新鮮なデビュー時が最も高額で、だんだんと価値は減る。プロダクションを含むAV業界人は、商品である女性を大切にして、なるべく長く売れるように日々努力している。強要問題が社会問題化して、現在に至って、現役女優や業界関係者から大きな反発があるが、それは女優を大切にしている、女優は大切にされていることが理由にあるのだろう。人権侵害と言われて、プライドが傷ついているのだ。

しかし、AV女優になる以前の発掘の段階で、くるみんアロマさんが経験した嘘を交えた強引な手法は、筆者の感覚的には昔から横行してきた。それが「現在はない」というのならば、早急にその証明をする必要がある。

嘘の求人広告が多すぎる

くるみんアロマさんに声をかけられたイベントのとき、ＰＡＰＳ（ポルノ被害と性暴力を考える会）の金尻カズナさんに挨拶した。ＡＶ出演強要問題に最も活発に取り組む活動家の女性だ。金尻さんはＡＶにとても詳しく、筆者がＡＶ業界側の人間だと知っている。

「著書とかツイッターは見ていますよ。私らはラディカルフェミではないですよ。単なる支援者ですから」と笑っていた。ＡＶ問題と支援団体の存在が一昨年から世間に知られるようになり、支援団体に相談する女性が激増、彼女はおそろしく忙しいようで「眠る時間もありませんよ」と嘆いていた。

立ち話なので時間がない。彼女に〝この数年のＡＶ業界はトラブルも少なく平穏だった。たくさんの女優が前向きに仕事をしていた事実はある。ＨＲＮの報告書が発表されたとき、大勢の現役ＡＶ女優が反論した。それはそうだろうと思った〟と伝えた。

「いやいや。ＡＶ業界の方々が良心的と言うプロダクションに所属している女性からの相談はたくさんある。嘘の求人広告が多すぎますよ」と言う。

金尻さんと話したのは、ホンの5分程度だった。その短い時間で出演強要の定義が、女性団体とＡＶ業界で大きく異なることに気づいた。ＡＶ業界がイメージする出演強要は、暴力を背景に弱みを握って脅して無理やり出演させる、騙して出演させる、暴力的で危険な撮影を強いるみたいなことだ。しかし、女性団体はそのような明らかな強要だけでなく、パーツモデルやチャットレディなどの広告で女性を集め、対面で説得してAV出演に誘導することも出演強要としていた。強要がある、強要の疑いがあるプロダクションの名をいくつか挙げていたが、すべて大手プロダクションだった。

AV業界は女性団体の猛烈な抗議によって社会の壇上に立たされた。社会の片隅でひっそりと営んでいたグレー産業が、陽を浴びてしまった。これからは被害者が生まれる不完全なシステム、法的にグレーな部分は許されない、ということだ。AV業界側は元AV女優の川奈まり子さん以外は、一貫して声をあげていない。

一般的には、社会から注目される中で主張が対立した場合、どれだけ世論の賛同を得ることができるかの戦いとなる。選挙に近い。反論や言い分があっても、然《しか》るべき場に立たない、逃げることで、形勢はどんどん不利になる。AV出演強要が社会問題化してから1年が経ち、女性団体は大手マスコミを巻き込みながら熱心に訴えた。AV業界は逃げ続けた。ほぼ決着はついてしまった。

AV出演強要の定義は、女性団体の基準に合わせるべき状況となっている。強引なスカウトや危険な撮影だけでなく、パーツモデルやチャットレディなどソフトな広告で集めた女性をＡＶに誘導することも強要、ということなのだ。

「歌手へのステップ」という言葉を信じた

くるみんアロマさんは原宿でのＹｏｕＴｕｂｅ撮影を日常とする。よく利用するという喫茶店の2階で、女性編集者と話を聞いた。開店したばかりだからか、利用客はほとんどいなかった。

大学卒業間近に有名週刊誌でグラビアデビュー、内定した就職先は辞退し、飲食店でのアルバイトで生計を立てた。実家暮らしで十数万円あれば生活はできる。グラビア以降、事務所やスカウトマンからはＡＶ出演の説得が続いた。２０１３年春、プロダクションの「歌手へのステップ」という言葉を信じて、ＡＶ女優になることを決める。

「私の中では男優と絡みのあるＡＶは遠い存在で、ずっと断っていた。事務所の人たちからは〝今、時代は変わった。あなたは職業差別をしている。ＡＶ女優を見下している〟と言われた。差別とかそういう言葉を使われて、確かに自分はＡＶ女優を差別しているかもと思った。それは後ろめたかった。でもやっぱり遠い存在。理解できないから怖かった。

だからＡＶには出たくなかった。事務所で十数人の男性に囲まれて説得を受けたりして、だんだんと音楽のためには必要なこと、1パーセントでも可能性があるならば信じようと思うようになった。今思えば、洗脳です」

説得はスカウトマンと事務所のタッグで行われたようだ。執拗《しつよう》さから察するに、「クロージング」が完了次第、単体デビューは内定する状況だったか。情報の少ない地方の子や、これまで従順に生きてきた真面目な子ほど、性善説の側からモノを見る。嘘を信じてしまう。ボランティア活動などに興味があった彼女は典型例で、疑いがありながらも最終的には信じてしまった。

もう一つ、ＡＶ女優として前向きに生きる女の子が増えている。プロダクション側もＡＶ女優になったほうが、彼女のためという意識があったはずだ。出演に誘導することは強要で人権侵害という世論は揺るがしようがなく、反論するつもりはないが、そのまま普通の女性として埋もれるのと、一歩を踏み出して有名になる、知名度を上げて別のステージに昇ることは、あながちマイナスだけではない。スカウトマンとプロダクションは、自分の利益のためだが、単体デビューが内定する状況で、有名になりたい彼女のためにもＡＶ出演を勧めた、という側面はあったはずだ。

「AV出演に頷いてから動きだしました。メーカーさんに行ってNG項目の確認とか。ほぼ処女みたいな売り方。実際、男性経験はほとんどなかったから。初体験は強引なレイプみたいなもので、死にそうなくらい痛かった。だからAV撮影のときは小さい男優にしてって。でも男優さんのは大きくて、痛くて。撮影では痛い痛い痛いってなって、中断するともう一度やり直し。泣きわめいたら延々と続く、って怒られる状態でした。みんなこんなに泣く人は初めてだよね、って笑っていた。私は苦痛でしょうがなかったけど、撮影現場には私の気持ちを共有してくれる人は誰もいなくて、みんな笑っていた。撮り直しは嫌だし、取り繕わなければ先に進まない。ノリノリな雰囲気を出したけど、本当は苦痛だった」

AVメーカーのプロデューサーが女優をキャスティングして、制作を外部の制作会社や自社の制作部に発注する。特にメーカーの商品の根幹となる単体作品は、メーカー側の意向の通りに作るのが一般的で、制作側に裁量はない。

出演経験のない女優の単体デビュー作を担当するAV監督は、かなり大変な仕事だ。経験のない女優に気を使いながら、メーカーが求める性行為を確実に撮影しなければならない。制作側は強要問題が起こって「現場では女優が一番上、現場では信じられないこと」

と漏らしているが、撮影現場で制作側が女優をチヤホヤして、大切にお姫様扱いするのは事実で、それは裁量権がない中で確実にセックス映像を撮るための手段といえる。

撮影が始まると現場の判断で中止にはできない

彼女のデビュー作の撮影は、大変だったようだ。女優が痛がるからといって、監督の裁量で撮影中止にはできない。撮影段階でメーカーはプロダクションに出演料を支払い、スタッフの人件費などの撮影経費が発生している。さらにプロダクションは1年近い時間を費やしてクロージングしている。撮影に突入すれば、基本的には女優がどんな状態だろうと、乗り切るしかないのだ。

「撮影後は精神的にも身体的にも、ドン底まで落ちました。自分がそこまで性行為をやらされると思っていなかったし、本当にツラかった。想像を超えていました。本番をする時間があまりにも長いとか、NG項目をやらされたり。できないって言ったら〝あなたのせいで何人もの大人が生活できなくなる。どうしてくれるの?〟みたいなことを言われて。できないって言わせない空気があった。事務所の人もいて〝他の女の子も仕事がなくなるからちゃんとやれ〟って」

撮影後、人が怖くなり、しばらく誰とも会わなかったという。

「自分が選んだ道は間違いだったって気づいた。洗脳されて頷いちゃったというか。誰にも相談できないし、だからやるしかなかった。歌手デビューとかその後のことを保証してくれるのなら、痛みにも耐えるって気持ちもあった。頑張ったのは、それだけのため」

被害を訴えた彼女に「どうして逃げなかったのか」みたいな意見を投げる人が大勢いる。あまりにも酷な話だ。単体の撮影現場にはプロダクションがベタ付きする。監視がある中で逃げることはできない。仮に逃げたら大騒ぎになる。最低でも撮影費用の負担、最悪だったら徹底的に脅されて大金の支払いを迫られる。AV撮影が動きだしたら、AV女優にはよほどのことがあっても決められたことをやるしか選択肢がないのだ。

プロダクションが女性に請求する違約金も大きな問題となっている。

一連のAV問題のそもそもの発端となった10本契約を破棄した女子大生に2460万円の損害賠償を請求したプロダクションは、80万円の撮影費用の他に1本200万円の自社利益も請求した。AVメーカーは女優の都合で撮影中止になった場合、すでに発生した撮影費用をプロダクションに請求する。金額はメーカーによって異なり、全額請求、半額請求などまちまちだ。そしてプロダクションは、AVメーカーに支払った金額を女優に請求する。

しかし、2460万円の損害賠償請求は裁判所に棄却された。女優が支払う法的妥当性はないとの判断である。これから撮影中止になった場合、AVメーカーと女性のどちらが負担するのか。AVメーカー負担が妥当という流れになれば、おそらく女優の出演料を下げて調整する。儲かっていない産業で無駄なお金を発生させてしまうと、どちらにしても丸くはおさまらない。

2本のAVに出演してもらったお金は5万円

「最終的に嘘に気づいたのは、次に入ってきた仕事がまたAVだったから。落胆した。事務所は次やってくれたら、次も頑張ろうみたいな。私自身は一度脱いで、カメラの前で絡んで、それが世に出てしまって自分に自信がなくなった。もう他の仕事ができるとは思えなかった。そういう心理になる。自分のプライドが壊れて、落ちる。たぶん、それは手口。出演後、事務所の言葉は一度じゃ脱ぎ損とか、一度で終わるのはもったいないとか。そういう言葉に変わった。それに、お金も支払われなかった。出演料の明確な金額は、言われないまま出演した。多い人だとこれくらい、少ないとこれくらい、みたいな言い方だった。

それに出演後に金額が決まる、みたいなことも言われていた」

２０１７年2月、大阪のスカウト会社が摘発された。労働者派遣法違反容疑で、スカウト会社から女性を斡旋された中堅プロダクションも書類送検された。報道によると、35万円のギャラの分配はスカウト会社10万円、プロダクション10万円、女性15万円だった。AV女優の出演料の配分はプロダクションによって異なり、一般的にはメーカーギャラを女優とプロダクションで折半、スカウトバックはプロダクションが支払う。報道されたこのケースでは、女優の取り分が42パーセントと若干少なめだ。

プロダクションは女優にメーカーから支払われる出演料（メーカーギャラ）を絶対に伝えない。さらにAV業界では女優に出演料を教えるのは基本的にご法度で、そのプロダクションの方針にクライアント側は絶対に口を出さないことが業界の常識となっている。これは関係者全員が守っていて例外はない。理由はプロダクションによって分配が異なり、同じプロダクションでも女優ごとに分配率が違ったりするからだ。なにも知らない彼女には、すんなりと出演料は支払われなかったようだ。

「最終的にもらったのは5万円くらい。今回はこのくらいにしておくみたいな。あとからまた、社長と相談するってスカウトの人に言われた。あとから相談して追加するって言われたけど、結局そのまま2本目に出演するじゃないですか。今度は社長がお金を持ち逃げしたって。撮影が終わってから金額がわかるっておかしいなとは思っていたけど、なにも知らないから、そういうものと思うしかない。事務所は他の女の子と情報を共有させなかったから、知りようがないし」

単体デビュー作なので、メーカーから100万〜180万円程度の出演料は出ているはずだ。5万円というのは極めて悪質である。メーカーギャラや女優同士でお金の話をされると困るので、多くのプロダクションは女優同士の交流を厳禁にする。とにかくAV女優はAV関係者全員によって情報を徹底遮断され、それが労働被害の温床となっている。

「お金のことになると、なんかボヤかされた。社長に出演料のことを聞いたら、お金を管理しているのは俺じゃないからとか。あいつだとか。その人に聞いても、連絡とれないとか。俺じゃないよとか。お金については、誰も知らぬ存ぜぬだった。2カ月後くらいにやっと振り込まれて、それが5万円。通帳見て、え？　って。なんか恥ずかしかった。その金額は自分のレベルかなとか。そのわりにはアマゾンとかDMMでは上位にランクインして普通に売れている。おかしい、おかしいって。でも誰に相談すればいいのかわからなくて、しょうがないって諦めるしかなかった。2本目に出演して、今度は社長がお金を持ち逃げしたって言われた。だから2本目は0円です。AV女優をした期間でお金はほとんどもらっていない」

さらに彼女はAV出演で知名度を上げるどころか、様々な男性たちに罵詈《ばり》雑言《ぞうごん》を浴びせられるようになった。

「死ねとかクズとか、言われることがあまりにも悲惨。社会的にも自分の気持ち的にも落とされる。そんなことをしてしまった私に、なんの価値があるのって悪循環になる。社会のゴミとか、気持ち悪いとか言われても、自分がAV女優をしたのは事実だし、普通の人が見たら、そう思うよなって。悲惨なことを言われても、自分でそう納得してしまう」

AV出演したことで徹底的に自信がなくなった。

喪失感は大きく、なにかしたいと思っても、チャンスをチャンスととれなくなった。一歩踏みだして再スタートしようと思っても、過去のことがバレるかもと躊躇する。くるみんさんはAV出演して、なに一つ良いことはなかったと心から後悔している。

これは性の問題ではなく、労働問題

「AV業界が悪いとかじゃなく、悪徳なスカウトや事務所に、騙すことはやめてほしいって気持ちだけ。AV出演強要が原因で自殺する子もいるって聞いて、すごくドーンときた。私は騙されているって気づいたけど、まだ気づかないで、騙され続けている女の子がたくさんいると思うし、それをなんとかしたい。デビューできるよ、音楽できるよって言われたら、本気にしちゃう女の子ってたくさんいる。でも嘘とわかった場合、あまりにもショックで自殺しちゃうのは、すごく理解できる。本当に他人事じゃない。すごく繊細な気持ちとか、ピュアな気持ちがあって、それを踏みにじられたツラさをわかってほしい」

話は終わった。彼女の告白から見えるのは〝騙さない〟〝労働の対価は支払う〟というあまりにも当たり前のことだった。

2012年あたりから、日本全国で労働問題が噴出した。労働者の限界を超えて使い倒すブラック企業問題は、現役世代がだんだんと減る少子高齢化の中で必然の社会問題だった。法の隙間を突いた長時間労働で現役世代を続々と精神疾患にさせるブラック企業の現実が問題視されて、最終的には政府が動き、安倍政権は官邸が主導する一億総活躍国民会議で「長時間労働是正」を掲げた。「長時間労働是正」は国全体の問題として、「働き方改革」に発展し、労働基準法の改正は確実となっている。労働被害を出してはならない、若者を潰してはならない、という社会の大きなうねりがAV業界にまで届いたのが現在のA

V出演強要問題だ。

ＡＶ業界はグレー産業の小さな村で、社会とは隔離されたところで細々と営まれてきた。グレービジネスなので労働組合はなく、相談窓口はなにもない。ＡＶ女優を守ってくれる第三者は、誰もいない。くるみんさんが訴える基本的な労働被害も放置されたまま、被害にあったら女性たちは諦めるしかなかった。

ＡＶ業界は、まず労働問題として、ＡＶ出演強要問題を受け止めてほしい。嵐が過ぎ去るのを待ち、現状維持を期待する多くの業界人が望む結末は、社会の流れを見ていると無理である。

第四章　人間扱いされない
ＡＶ女優たちの絶望の系譜

マークスジャパン摘発の発端となったＡＶ女優

ＡＶ業界は、昔から一貫して人権には興味がない。理由はお金にならないからだ。目先の短期的な利益を追う業界であり、特にＡＶ女優に対しては労働者というより、商品という意識が強い。仮にＡＶ業界人が撮影現場で騙されて出演する女性がいて心を痛めて、改善のために一歩を踏みだしたくても、商品を貸しだしてもらう立場であり、プロダクションに抗議することはできない。そのような利益最優先の環境の中で、女性の人権に対しての感覚は、だんだんと麻痺していく。

第二章で触れたが、90年代前半、「女犯」問題で女性団体からバクシーシ山下氏へ強い抗議があった。当時、山下氏はまったく相手にしないで、女性団体を笑い者にして抗議を一蹴した。その一件はＡＶ業界の女性団体に対する成功体験となり、ＨＲＮ報告書発表と記者会見でＡＶ業界が強要問題を指摘されたとき、強い危機感を抱いた関係者は引退してＡＶ業界と距離を置く川奈まり子さんだけだった。ほとんどのＡＶ業界人は現在の事態になるとは、夢にも思わず、女性団体の訴えを「またフェミニストか」と聞き流していた。

多くのＡＶ業界人が自分事として強要問題を受け止めたキッカケは、ＨＲＮの記者会見ではなく、２０１６年６月11日のマークスジャパンの逮捕摘発だ。元所属女優が無理やりＡＶに出演させられた、と警察に相談したことが摘発のキッカケとなっている。筆者は報道でマークスジャパン摘発を聞いたとき、驚いた。おそらく多くのＡＶ関係者は同じ感覚だっただろうが、マークスジャパンは悪い噂のない良心的なプロダクションで、犯罪行為から縁遠いイメージがあった。

ＡＶ業界は狭く、ＡＶ関係者同士の距離が近い。ＡＶ関係者の経歴や出身校、性格、前の恋人は誰だったみたいなことまで知っているので、業界の中で実態のない優良なイメージをブランディングすることはできない。マークスジャパンは所属女優の満足度が高い、優良プロダクションだったことは間違いないのだ。要するにマークスジャパンの摘発は、一般的なＡＶ業界の業務や日常や常識に違法性があり、それが認められないという意味を含んでいた。

被害女優をかつて取材していた

２０１２年１月、筆者はたまたま警察に被害を訴えた元所属女優を取材している。名前は鈴木真琴さん（仮名、当時21歳）とする。

鈴木さんは全身から育ちのよさが伝わり、話してみると理知的な女性だった。有名私立大学の現役学生で学業を優先しながら、アルバイト感覚でAV女優をしていた。属性は企画単体、かなりの売れっ子。収入も高かったはずで、月100万円以上は稼いでいたはずだ。2012年1月時点では、〝無理やりAV出演させられた〟という雰囲気はまったくなかった。男性誌の取材だったので、いつも通りに性体験などを交えながら〝どうしてAV女優になったのか〟を聞いている。

「最初の頃は恥ずかしくて言えなかったけど、単純にエッチなことに興味があったのが一番の理由です。性って隠された世界じゃないですか。コンビニ雑誌の青のテープの先を見てみたいみたいな。単純にそれだけ。ずっと真面目だったし、知識はすごく乏しかったんですよ。初めてエッチをするってその場ですら、なにをどうするのかまったくわかっていなくて、挿入するって行為も知らなかった。そんなレベルでした」

小学生の頃から勉強はできる優等生だった。出身高校は地元の有名進学校、その中でも真面目なグループに属していた。

「性的なことは、知るチャンスがなかった。出身高校はまわりもみんな真面目で、誰かがエッチしたって噂が出たら、何組の誰々がしちゃったって騒ぎになるような。私もみんなに合わせてワーッてなるけど、なにも知らない。セックスとかエッチって、裸を見せて触るみたいなものと思っていた。中学生まではセックスって言葉すら知らないレベルで、そのレベルからたいして進展しないのに好奇心だけが膨らんだ。それで成り行きで、経験人数一人のままAV女優になっちゃいました」

経験人数の一人は18歳のとき、初めて付き合った人だった。進学校の環境と異性に対しては潔癖だった性格によって、それまで機会はなかった。

「元々、堅いほうだと思います。初めて男性と付き合ったときは、好きな人が自分のことを好きでいてくれるのは、奇跡と思った。私がたまたま好きになった人が、私のことを好きってすごいって。レストランでバイトをしていて、私がホールで、相手は調理場にいた人。好きだなって思っていたら、相手に告白された。それが初めての彼氏です」

筆者はAV女優のネガティブな話を聞きだして記事にしたい書き手だ。媒体が男性誌の場合、なるべく記事で使えるように恋愛やセックス体験の質問をして、気になったことを突っ込んでいく。鈴木さんは一貫して明るい話で、学業とAV女優を両立する現在の生活も充実しているように感じた。

取材のとき、単体は必ずマネジャーがつくが、企画単体になると取材に一人で来ることもあり、状況はまちまちだ。プロダクションは〝お金の話はしない〟という大前提を守れば、基本的になにも口出しはしない。仮に無理やり出演させられたことを語ったとしても、2012年のこの取材の時点では別段止めなかったはずだ。

2000年以降のAV女優は、まったく別の人格を演じることはほとんどなくなっている。プロダクションが介入するのは営業のために「プロデューサーやAV監督の前では〝エッチが好き〟〝セックスが好き〟と言うように」というくらいで、AV女優の人物像までマネジメントはしない。AVはドキュメント色の強い媒体で、現実と違う人物を演じることを、男性視聴者は望まない。よほどの理由がない限り、一人の架空の人物を作りあげるマネジメントには踏み切らない。よほどの理由とは〝お嬢様〟〝黒ギャル〟〝元芸能人〟など、AV女優としての売りがあるケースで、実際と違う姿が売上に繋がる場合に限って、第三者が人物像に介入して演じさせることはある。

AV女優は実際の自分自身をベースに出演し、表に出したくないことはメディア側が編集段階で隠すのが一般的な方法だ。育ちのよさが滲みでる鈴木さんが語ることに、特に違和感はなかった。本人が語る通りに本当に優等生で、真面目な女の子だったのだろう、と思った。たまに遭遇するファンタジーなケースは、しばらく話を聞いていれば誰でもある程度は架空だとわかる。

警察に駆け込んだ女性の現役時代の証言

2016年6月11日。マークスジャパンの摘発は速報されて、警察署に連行される代表の姿は繰り返し放送された。大手プロダクション摘発に業界は騒ぎになり、なぜ？　という話が駆け巡った。その日のうちに現役所属女優を中心に異論、反論が噴出した。

マークスジャパン所属の人気AV女優・初美沙希さんは、「現役時代、やる気満々に活動していたある一人の元女優が辞めた後、今の彼氏に『あのときは無理やりやらされていただけなの！』って変な言い訳したら、その彼氏が『なら警察行って作品消させろ！』って騒いで。警察もそれを知っているはず」と、怒り心頭でツイッターにつぶやいた。

「一人の元女優」とは、鈴木さんのことだ。初美さんはおっとりした穏やかな性格で、前向きにAV女優の仕事に取り組む女性だ。確か鈴木さんとは仲がよく、お互いの事情はよく知っていたはずだ。AV女優同士の交流はプロダクションが監視、管理して禁止することが多いが、マークスジャパンは、ベテラン女優同士の交流には口出ししていなかった。

鈴木さんの訴えがキッカケとなった所属事務所の摘発に、納得がいっていないことが窺える。

鈴木さんの話を続ける。学業優秀で真面目な優等生だった彼女は、大学進学後、アルバイト先の飲食店で初めての彼氏と出会った。

「初めてエッチしてから繰り返していくうちに、エッチっていいって思うようになった。ネットのエッチなサイトを見たりするようになって、縛られている写真とか見て『こんなことをされてみたい』って願望がだんだん大きくなった。この縛られている女性って、AV女優なのか。こんな仕事があるんだって、AV女優に興味を持つようになった。彼氏とかまわりの人に隠れて、こんなことをされたら私っていけない子だな、みたいな妄想が始まった」

2010年、インターネットで調べてAV女優という仕事を知り、興味津々のときに繁華街の路上でスカウトされる。「立ち止まって、二つ返事でやると言った」という。経緯に関して、それ以上は突っ込んでいない。

「そういう恥ずかしい気持ちとか、変身願望もあって、恥ずかしい仕事を隠れてやるのが楽しいって感覚になった。今は友達にも誰にもバレてない、バレる気配もない。言わなかったらバレないっぽい。最初はバレたらどうしようって気にしていたけど、全然バレる気配がないし。普通にしていれば、大丈夫。AV女優にいないタイプだよねって、現場で何度も言われて安心したのかな」

現役AV女優が前向きな発言をすることは多い。

AV女優は好奇心旺盛で刺激を求めるようなタイプには、確かに楽しい仕事なのだ。ファンや関係者に肯定され、売れれば有名になり、プロダクションには大切に扱われて、お金という成果がすぐに返ってくる。映像が残るリスクはあるが、普通のアルバイトではありえない濃厚な時間を過ごすことができる。

鈴木さんは人気企画単体女優という立場で、取材時は2年目だった。プロダクションは厳しく管理するわけではなく、ある程度放任して、大学では優等生、一歩外に出ればAV女優と、自分の世界を使いわけていた。取材終盤「でも、今AV女優って仕事について悩んでいることがあるんですよ」と言う。

「仕事は楽しいし、AV女優をやってよかったと思っている。けど、〝プライドを持ってやっている〟とか開き直るのは違うんじゃないかと思う。最近、AV女優ってテレビに出たりしているじゃないですか。前向きなAV女優を否定するつもりはないけど、隠れてやっているからこそ楽しいのにって思う。裏の仕事だから、目立つべきではないし、ガツガツやるべきでもない。そう考えると、長く続ける仕事ではないのかなって結論が出ました。だから、就職活動はします」

21歳と若い。大学の優等生というだけでは刺激が足りず、自己実現できないのはわかる話だ。その言葉を聞いて、たまたま筆者は「AV女優って一昔前まで強制されたり、騙されたりしてやらされていた仕事だった」と伝えている。

「そうらしいですね。年上の人と話すと自分がどうしてやっているかってことを、どう説明しても納得してもらえなかったりする。そんな重くなくて、軽い。その軽い感覚がわかってもらえない。水商売だって私が小さかった頃、キャバクラってヤバイ世界みたいな印象があった。けど、最近は普通ですよね。世の中的に裏だったものがだんだんと表になって、自分もその流れに乗っちゃったのかなって思っています」

AV女優という仕事を客観的に眺めて、一歩踏み込んで自分なりに考えていた。リスクのある恥ずかしい仕事だから価値が生まれている、という認識で、それは経済の原理的に普通に正しい。

「裸が日常になったら価値が下がる。誰も興奮しなくなっちゃう。今は服を着ているけど日常的に裸で喋るようになったら、全然興奮しないですよ。女の子が裸で歩いているような世界になったら、みんな慣れちゃうし。コソコソと隠れているから価値があるし、いい。自分も含めて罪悪感みたいな感覚は、すごく減っていると思う。セックスに対する罪悪感があるからいいってわけじゃないけど、これからAV女優の価値はどんどん下がっちゃうかもしれないですね」

「今、彼氏はいないです。私は支配されたい欲が強くて、この仕事をしていると、その人だけの〝物〟になれるような気がしない。それが彼氏を作らない一番の理由です。逆に辞めていく女の子を見ていると、みんな恋愛したくて辞めていくんじゃないかなって。結婚するから辞めますって女の子は、すごく多い。なかなか、この仕事を理解してくれる人が少ないし、悪いことをしているわけじゃない。けど、反射的に嫌悪感を抱かれる仕事じゃないですか。だから、恋愛はしづらいですよね」

取材は終わった。話したのは1時間半くらいか。結局、大学在学中はAV女優を継続して400本近くに出演して引退する。摘発後の噂によると、言葉通りに(支配する)彼氏の存在があったようだが、筆者にはその詳細はわからない。

AV女優のボリューム層は19〜22歳と若い女性たちで、社会のことがまだわからず、多くは分別がつかない年齢だ。そのときは慣れや周囲に流されて前向きにやっていても、後から深く後悔する、騙されたと感じることは、十分にありえる。

ＡＶ業界は引退後に被害を訴える女性たちに、「後出しじゃんけんは反則」という不満を抱える。反対にＡＶ女優たちを支援する女性団体側は「現在、女性たちがどう思っているかが最も大切」と言う。どちらの意見、主張も頷ける。ただ、この取材だけの印象では、とても強制的に出演させられたとは思えなかった。

しかし、ＡＶ女優という職業は、若い女性たちに将来に及ぶリスクを背負わせている。時間が経って後悔する彼女のようなケースは、これからどうするのか。過去は消せないし、まだまだ子供の若い女性たちにリスクを説明してもすべては理解できない。これまでは、後悔した女性たちは泣き寝入りするしかなかった。鈴木さんが被害を受けたと警察に駆け込んだことにより、「ＡＶ女優のその後」について大きな問題提起がされたことになる。

テレビドラマの準主役を探している

筆者は90年代からＡＶ女優の取材を続けている。

騙されてＡＶ女優になった、騙してＡＶ女優にしたという話はアダルトビデオ界隈《かいわい》にかかわっていれば、過去には頻繁に、現在でもある程度は耳にすることだ。ランダムにＡＶ

女優の取材対象を選ぶ筆者の取材でも、騙されたこと、被害にあったことを訴える女の子はいる。

よく覚えている何人かを書いていこう。２０００年夏に取材した本田美咲さん（仮名、当時20歳）は、90年代に業界では有名だった凄腕《すごうで》スカウトグループに引っかかった女性だ。スカウトマンたちは渋谷の路上で「火曜サスペンス劇場に出演してくれる女性を探している」「テレビドラマの準主役を探している」と、若い女性たちに嘘の誘い文句で声をかけまくり、立ち止まった女の子たちを次々とＡＶ撮影現場に送り込んだ。

当時のＡＶ業界は女性の極端な供給不足で、若い女の子を脱がせることができればお金になった。凄腕スカウトグループはまさに手当たり次第で、本当にいとも簡単に女の子を引っかけた。

筆者は専門誌の取材で一度だけ、当時神宮外苑近くにあったグループ中枢の人物の事務所に行ったことがある。雑居ビルの一室にある古びた事務所には、「○○芸能」との看板が掲げられ、応接室にいた2時間程度の間に続々とスカウトされた女の子がやって来た。ピーク時には、列を作っているほどだった。

渋谷の路上で声をかけられ、芸能界志望でやって来た女の子たちは隣室で裸の仕事を提案される。そして頷けば、宣伝用の裸の写真を撮影される。本人の要望や生活状況を聞き、提携するプロダクションや風俗店に振りわけられる。そのスカウトグループの中には、その場でハメ撮りをする人物もいて、その映像はメーカーに売り捌《さば》かれていた。当然、本人たちは知らない。今思えば、なにもかもがムチャクチャである。

そのグループのスカウトは火曜サスペンス劇場、ドラマの準主役という「もしかしたら、本当かも」という微妙な誘い文句に特徴があり、女性たちは事務所に誘導されて裸になるように口説かれるか、時には本当にドラマ撮影と思って、事前の説明は一切なしに撮影現場に誘導される。テレビドラマ撮影現場と思っていたら、実はAV撮影現場だったという嘘のような人材獲得が2002年くらいまでは普通に起こっていた。

「その人はドラマの準主役を探しているって言うの。あらま、よい話ねって思って。私は速攻タイプだから、詳しい話を聞きに恵比寿にある事務所に行ったのね。事務所は汚いボロボロの雑居ビルで、芸能事務所ってこんな貧乏くさいのって驚いた。スカウトマンとは別の人が出てきて、難しい話をするの。契約とか媒体とか。わからなくて聞いていて、どうもドラマはインチキっぽかった。また連絡するからって、1時間くらい話して帰った。けど、どうしても準主役って話が気になって」

本田さんは芸能界に憧れていた。

美乳でスタイルはよく、かなりの美人だ。外見のみで判断すれば、芸能界に憧れるのはあながち的外れでもない。高校を卒業して、フリーター。華やかな東京や芸能界に憧れて、バイト代を貯めて頻繁に東京に遊びに来ていた。キッカケは原宿や渋谷でのスカウト、と語る芸能人は多い。田舎からわざわざ来た本田さんが渋谷の路上で、「もしも」のサクセスストーリーを期待するのは自然なことだ。毎日、膨大な人数に声をかけるスカウトマンは、そのような女の子たちのことを知り尽くしている。

「ドラマ出るのは水着の仕事をしてからね。名前を売らなきゃいけないからって、話がだんだん変わってきた。私ね、写真の仕事がしたいって言ったの。綺麗な写真のモデルにずっと憧れていたから。そしたら、男の人が写真集を2冊持ってきたの。これはうちが仕掛けたプロジェクトなんだ、綺麗だろって。すごく可愛いな、こういう仕事ならしたいなと思った。その場で事務所の人が出してきた契約書にサインした。そしたらすぐに『じゃあ、脱いで、脱いで』ってなって。全身を見なきゃいけないみたいなことを言われた。宣伝用だって、裸の写真を撮影された」

このスカウトグループは、女の子をプロダクション事務所や撮影現場まで連れていくことに、とにかく長《た》けていた。自分たちでAV出演を口説くこともあるが、多くのケースで裸になることを頷かせるクロージングをするのはスカウトグループではなく、女性を引き受けたプロダクションや制作関係者だったという。

「写真が好きだったことでサインしたけど、うまく丸め込まれたのね。写真も嘘だったって、すぐに気づいたよ。よくよく聞くと、アダルトビデオっていうの。アダルトビデオなんて見たことなかった。カメラの前でセックスするって聞いてもピンとこないけど、もう断れる状況じゃなかった。芸能人でエッチしている人なんていないでしょ。全部、嘘だって」

アダルトビデオ、AV女優と言われても、10代～20代前半の女の子たちは知らない。言葉は知っていたとしても、ピンとこない。本格的に口説かれるのは事務所の密室、断りづらい状況だ。逃げるにしても提案を拒絶して、席を立ち、応接室の扉を開けて玄関まで行き、靴をはいて、無事に外に出なければならない。いくつもの関門がある。多くの女性は本心では断りたいが断れず、逃げることもできず、相手が求めるまま流されることになる。

本田さんは気や意識が強いタイプではなく、面倒くさがりでダラしない性格に見えた。もう事務所まで来てしまったし、断るほうが面倒くさいという判断になったようだ。プロダクションに求められるがまま、プロフィールを書いて身分証を提出し、性的行為のNG項目にチェックをした。

数日後にメーカーに面接まわりをして、すぐにデビュー作の撮影が決まった。高額ギャラとなるレンタルメーカーからの単体デビューは叶わず、出演料と格が落ちるセルメーカーが手を挙げた。現在でいえば、企画単体だ。撮影前日、緊張して全然眠れなかったという。田舎の普通の女の子だったので性経験は少なく、性風俗経験もない。デビュー作は見たが、初めての撮影では終始表情が引きつっていた。

「知らない男に舐《な》められたりしたとき、自分が進むべき道とはまったく違うと思ったよ。最後に3Pがあったのね。3Pなんて自分の限界を超えていた。やっちゃいけないことをしているって、悲しくなった。好きな人にも見せたことがない部分を見られて、知らない人に舐められて、涙が出てきちゃったの。断り切れずに流されて、失敗したなと思って。すごくショックだった」

今でいえば、深刻なAV出演強要被害を受けている。

しかし、長年AV業界では、このような強引なスカウトは笑い話だった。芸能界に釣られて裸になった彼女の自己責任であることは当然、逆に商品発掘能力に長けるスカウトが「すごい、天才」と評価&称賛されていた。

「気持ちよくなかったっていうのもあるけど、ビデオって汚い感じがして嫌だった。特にお金に困っているわけじゃなかったから、とにかく綺麗な仕事がしたかったのね。ビデオってオチンチン大好きです……とか、変なことを言わされたり、無理やり喘《あえ》いだりしないとならないでしょ。撮影現場ではずっとお酒飲んで気を紛らわせながらやったのね。だって、恥ずかしいでしょ。人前で裸になって、アンアン喘ぐなんて。お酒を飲むと、少しだけ楽になれるのね。だから私ね、ビデオの撮影ではほとんど酔っ払っているの。一番すごいときは、ワイン1本飲んじゃったこともあったね」

当時はAV女優に対する風当たりは現在より、強かった。騙されて出演する女性は多く、現在のように頑張って出演しているうちに楽しくなって、前向きになるみたいなケースは少なかった。恥ずかしい、騙されたという意識でAV女優になった本田さんは、メーカーを一周すれば役割は終わる。

現在も、キャリアの最後に海外無修正AVに出演する風習は残る。本田さんは最後に裏本に誘導されている。「綺麗な写真集の撮影」と言われて、意気揚々とスチール撮影に向かった。

「裏本って、普通の綺麗な裸の写真集だと思っていたのね。でもね、撮影で最初は外でニッコリしていたけど、中に入ったらアソコばっか撮っているの。指示がいっぱい出て、アソコを指で開いてくれとか。アナルをもっと見せてとか。何時間もアソコばかり撮っているから、なんなんですか？　って聞いたのね。モザイク入るでしょって。そしたら裏本はアソコと結合部の写真集って聞かされて、ガーンときて。現場に入ったらやらなきゃならないから、しょうがなくやったの」

裏本は80年代前半に全盛期を迎えて、2003年くらいまで残っていた完全な違法メディアで、無修正わいせつ写真集である。笑顔の表紙があって、性器の実物大以上の写真や、男性器が挿入された結合部のアップの写真が延々と続く。

「裏本のことを制作の人に聞いたら、アソコ専門の写真集だって。しかも違法で著作権がないからインターネットに流されるって聞いて、またガーン。自分のアソコがページいっぱいに載っているのを想像したら、気が狂いそうになっちゃって、泣いた。泣いた」

裏本に出演した本田さんは役割を終えた。結局、芸能人になるどころか無修正の性器丸出しの画像がインターネットでばら撒かれて消えるように引退している。

「アダルトビデオは、悪い人ばかりで精神的に疲れちゃった。冷静にAV女優をやっていた時期を考えると、いけないことばかりしちゃったような気がする。けど、別にいいの、前向きだから。10万円を稼ぐなら、裸になって1日で稼ぐよりも普通に働いたほうがいいでしょ。時間かかっても。AV女優は身を削られたような感じがするから疲れちゃうの」

来月にはワンルームのマンションは解約し、「北関東の田舎に帰るから」と言う。あれから17年が経つ。今、久しぶりにAV女優名を検索すると、まだ、無修正も含めたたくさんの裸の画像が表示された。

裸でカメラの前に立ってから負のスパイラルが始まった

藤岡桃香さん（仮名、当時23歳）は、Gカップ巨乳を売りに19歳で単体デビュー。本番解禁、ぶっかけと、NG項目を減らしながら3年半に及んで大活躍した人気女優だった。

「やっとAV女優を終わりにすることができました。本当にツライことしかなかった……」

引退後しばらくして、取材する機会があった。カラオケボックスに入るなり、吐き捨てるようにネガティブな話が始まる。前情報はなく、花束を贈呈されて笑顔でやり遂げた引退作の撮影現場の様子がAV専門誌に掲載されていたので、少し驚いた。

「3年半、すごく大変でした。何十本もAVに出演しちゃったけど、ずっと現場はイヤでイヤでしょうがなかった。はっきりいって、ツラい思い出だけ。すべてが終わった今のこの時点でも、AV女優をやってよかったとはとても言えない。良いことは、なに一つありませんでした」

言葉は硬く、彼女自身も柔軟性のない性格に見えた。学生時代から真面目、将来への意識が高い女の子だったようだ。4年前に高校を卒業してスチュワーデスを目指して上京、都内の外国語系の専門学校に通った。国際線に乗る客室乗務員を目指していた。

美人である。専門学校1年目に原宿を歩いているとき、芸能事務所にスカウトされる。芸能界の存在を知ったことで、タレントや芸能界にも憧れるようになった。レッスン料を払って演技の指導を受ける。タレント志望は多く、競争は激しい。頑張っても仕事は少なく、カメラの前で演じたのは映画やテレビドラマのエキストラ数回だけだった。

「事務所が替われば、もっと活躍できるかもって移ったんです。それがよくなかった」

取材当時〝出演強要〟という言葉はなく、その意識もない。プロダクションを移った経緯は聞いていない。2000年代半ばは芸能界とAV業界の垣根が低くなった初期で、移った芸能プロダクションはタレントが中心で数人のAV女優も所属していた。

「その新しい事務所に〝AV女優は?〟って提案された。AV女優ってわからなかったけど、AV女優になって知名度を上げれば、それなりに活躍できるタレントになれるって言われた。裸の仕事なんて、一瞬すら考えたこともなかった。私はずっと風俗とか水商売とかそういう女性を軽蔑するようなタイプで、彼氏もいたし、そんな仕事考えられないって拒絶しました。けど、何度も説得されて芸能界へのステップって話を信じてしまいました」

地方出身で真面目なタレント志望の女の子は、AV女優にする上で口説きやすい。情報と知識が少ない、人を信用する、近くに両親や家族がいないと、いくつもクロージングがしやすい理由が重なる。

「単体デビューだったので、すぐ彼氏にバレました。おまえ、頭がおかしいんじゃないか! って、顔を真っ赤にして怒鳴られた。フラれました。その彼氏のことは本当に大切で、大好きだった。今まで生きてきて、たぶん一番好きだった人。フラれたときは絶望なんてものじゃなくて、死にたかった。〝どうして、こんなことになるの?〟って後悔だらけ。でも、5本契約をしてしまったし、本当にどうしようもなかった。頭が狂いそうになった。あれから4年間、彼氏はいないです。その人のことを、まだ引きずっているのかもしれません」

専門学校ではAV女優のことがバレるのではないかと常に怯えるようになり、芸能プロダクション時代に知り合った人には〝あの子、AV女優〟とバカにされた。恋人も友達も、全員が離れていった。

「タレントになるためって覚悟して臨んだつもりだったけど、こんなツラいとは思わなかった。とにかく知らない人にカラダを見られるのが、すごく嫌でした。世間知らずで、なにも知らなくて、流されるまま事務所の人を信用したら、とんでもないことになってしまった。もう生きていることが怖かった。どんどん、どんどんまわりにバレる。友達がいなくなって、AV女優になる前の楽しかった数カ月前のこととか考えて、もう戻れないって泣いたりしていた」

AV女優になったら、とんでもないことになる。実際に自分の身に降りかかってから、その現実に気づいたという。

「単体のときは全然売れなかった。芸能界どころかAV女優としてもマイナーで、自分は本当に中途半端な人間だって落ち込みました。AVで身を削るほど、嫌々エッチするほど、エッチって好きな人としかしちゃいけないものだとか、キスって大切だなって気づく。だから絡みの後、私はなにをしているんだろう？　って毎回、毎回落ち込んでいました」

カメラの前で裸になってから、すべてが負のスパイラルとなった。

頑張った先に芸能界はなかった

友達も恋人も失った地方出身の藤岡さんは、孤独だった。

AV出演したのは現実で、もう後には戻れない。専門学校の勉強も身が入らなくなり、スチュワーデスになる初心も見失った。両親や友達はみんな地元にいる。誰も相談する人がいない中で〝AV女優はタレントへのステップ〟という、事務所の話にすがるしかなかった。

このプロダクションがどう口説いたかわからないが、単体契約の違約金の存在を伝えたり、一度裸になったのだから辞めるのはもったいないなどが、不安になった女性を継続させる口説き文句となる。

「久本雅美さんみたいな存在感あるタレントか、松嶋菜々子さんみたいな存在感ある女優になりたかった。裸になって名前が売れれば、その先に芸能界が待っていると、最初は本気で思っていました。そうじゃなければAV女優なんかにならない」

AV女優としては売れていない。タレントへのステップになりようがない。

「ホント、バカですよね。AV女優を頑張った先には、Vシネとか映画があると思っていたから。AV女優は下積みで、それに耐えれば未来があるって意識でした。ただ、そういう理由がないと、どうして自分がAV女優やっているのかわからなくなるし、騙されたって気づいた後も芸能界のためだと思い込んだ。契約の5本目が終わったとき、絶対にやめようと決めていた。でも、ちょうどそのときくらい、初めてVシネのちょい役をもらって楽しかった。だから、もしかしたらと思い直した。その繰り返し。AVをやらないとVシネの仕事は来ないと思っていたし、5本目終わった後に辞めたいと言いにいったけど〝これから本番解禁だから〟って押し切られました」

単体が終わった段階で事務所が本番解禁を言い渡し、さらに某AV監督が継続のための口説きに参入している。当時、AV業界には「AV女優は夢があり、自分を変えることができる素晴らしい仕事」というポエムが蔓延していた。仕掛け人である某AV監督は、数人の御用ライターを抱えていた。NG解禁してハード行為を了承し、過激作品に前向きに出演する女優たちをエロメディアを利用して徹底的に持ちあげた。業界内で力があり、エロメディアを操る某AV監督を中心に、宗教的なサークルが築かれていた。

「（某AV監督に）そのままでは売れることはない。おまえは、今の中途半端なままでいいのか。悩み続けていたとき、そう言われて本番をやることにした。できることを頑張ろうって、無理に前向きになった。信じればなにか変わるかもしれないって、NGをすべて取り払った。それでハードな作品に出演したんですけど、どんなに気持ちを前向きにしても嫌なものはイヤでした。逆にもっと無理するようになって精神疾患になりました」

某AV監督に提案されたまま本番、異物挿入、ぶっかけ。ハードな性行為に挑戦した。AV女優としての知名度は上がったが、AV女優の仕事に対する嫌悪感と自己否定は、ひどくなるばかりだった。最終的には精神を壊してしまう。

「ツラすぎて、自分は人間じゃないんだ、感情のない物なんだって思い込んでいた。実は高校生のとき、レイプされた経験があるんです。本当に怖かった。だからセックスは、どうしても好きになれない」

本番解禁して、カメラの前でハードな性行為をさせられているとき、高校2年のときの強姦されたトラウマが蘇ってきたという。

「冬の夕方でした。もう、暗いんです。友達と2人で歩いていたんですよ。ワゴンが後ろに停まって、3人の男に拉致された。近くのホテルに連れ込まれて、抵抗したけど、男の人の力には敵わなくて犯されました。友達は処女で、すごく怖かったのに、なんだかわからないけど、処女だから可哀想だと思ってその子を助けちゃったの。本当は自分のほうが大事なのに、助けなきゃって。2人一緒にやられそうになったけど、男がトイレに行ったときに突き飛ばして、ドアの鍵を開けてその子を逃がした。警察を呼んでくれるって信じたけど、警察は来なくて、私だけレイプされました。犯されているときの写真を撮られた。脱がされるときから何枚も撮られて、性器のアップとかも撮られて。AVって撮られる仕事じゃないですか。モニターに自分が本番する姿が映って、アソコとかをアップで映されたとき、そのレイプのことを思いだしちゃった。ゾッとしました。昔のことだからずっと忘れていたけど、トラウマになっているって気づいた。本当に耐えられないくらいツラかった」

髪の毛が抜けるようになり、5百円玉くらいの円形ハゲがいくつかできた。人に会いたくなくなり、過食が始まった。自分で自分を制御できなくなった。

「鬱と過食の症状が出て、精神病院に行きました。ストレスがうまく発散できていないって診断されました。私にとって、AV撮影はとにかく我慢だけ。ストレスが大きくなりすぎて、自分の中で消化できなくなった。眠れなくなったし、いくら食べても空腹で過食症みたいになって本当にボロボロでした。バカですね。本当にバカ。だから断ち切って、やっとやっと終わりにすることができて、本当にホッとした」

AV業界の大人たちの言葉を信じて裸になり、ギリギリの精神状態で悩みながら継続したが、結局残ったのは精神崩壊したボロボロな自分自身だけ。3年半もの期間を第一線でAV女優として活躍した彼女は、「全部、なにもかも嘘でした。良かったことは、なにもなかった」という答えを出していた。

思いつめて絶望を告白する人気女優

2003年のことか。西野紗理奈さん（仮名、当時21歳）は、AVファンならば誰もが名前を知る超人気女優だった。人気AV女優でアイドルグループを結成して注目されたが、グループ端役だった彼女は早々と脱落、企画単体女優として活動する。インタビューではなく、当時編集を任されていたエロ本撮影で出会っている。顔色が悪く、なにかに追いつめられているような不穏な表情が気になった。

「もう、この仕事を辞めたいんです。本当にツラい」

話しかけると、そんなことを言いだした。当時のエロ本撮影は、時間に追われるわけではなくユルかった。急遽、予定変更して裸の撮影は後にまわし、いったいなにがあったのか話を聞くことにした。

「この仕事を始めて2年ちょいですね。始めたばかりの頃は、いろんな世界が見えたり、知らないことを知れるのが楽しくて、やってみないことにはわからないな……みたいな感じ。勢いでこの世界に飛び込んで、最近まではそんな気持ちでずっと続いたけど、今年になって考え直しちゃっているんです。現場に行くのがすごくツラい、今日も行きたくないなって」

思いつめた様子で、勢いよく喋る。話しながら涙を浮かべる。とにかく、聞いてほしいという雰囲気だった。

「彼氏とか親は、こういうことをやっているのは普通じゃないって言うんです。彼氏に対しては最初、なんで私の仕事を知っているのに、そんなことを言うんだろう？　じゃあ付き合わなければいいじゃんって思っていたけど、ちゃんと話し合って付き合っていくうちにね、納得するものが出てきた。自分もいい加減に考えてこの世界に入って、ずっと後悔しないできたけど、よく考えたら親に話せることじゃないし、親戚とか友達に自慢して話せることじゃない。そう思うと、後ろめたいことがあるのはイケないことなのかな、とか。彼氏は、好きな人にそういうことをしてほしくないって言うんです。最初は、なにを言っているのか全然わからなかったけど、最近ね、すごく納得できる部分が出てきて……」

18歳になって、すぐAV女優になる。すでに50本以上に出演していた。

AV業界の人々は人生で初めて出会う大人たちで、素直な彼女は大人たちの言うことを信用し、「裸の仕事をする自分は正しい、間違っていない」と長年思っていたという。AV女優の仕事は特殊であり、ほとんどの女の子たちは仕事のことを親や友達に話せない。不安になる、不安定になることはたびたびで、プロダクションを筆頭にAV業界の人々は不安になる女の子たちに「裸になる選択は間違っていない」ということを伝える。裸になってもらわないと商品にならない、ポジティブな言葉を投げて不安を取り除く。

「この仕事を否定する彼氏は、ずっと子供だと思っていた。人を仕事で判断するの？って何度も言ったことがある。でも、自分がはき違えていた部分があって。いろんな人とセックスして、みたいな。今までやってきたことが、ちょっと違うのかなって思って。別にエッチが好きだからしてきたけど、たぶん今の彼氏のことがすごく好き。好きになるほど、どんどん自分の気持ちが変わって。仕事で裸を見られたり、触られたりすることに罪悪感が生まれるようになった。最近は罪悪感だけじゃ済まなくて耐えられなくなっています。精神的におかしい状態です。こんなことを言ったら仕事にならないですよね。でも、本当にツラいな」

泣いてしまった。瞬きするたびに涙がポツリと頬を伝って落ちていく。

「自分で選んでやってきたことだけど、もう、これ以上、汚れたくない。うん、もう汚れたくないなって。今まで自分は間違ってないと信じていたけど、やっぱり本当に後悔しちゃった。大丈夫かな、私また綺麗なカラダに戻れるかな。こんな安売りみたいなことで、楽しいって思っていたのはどうしてとか。もう、全然思いだせない。でも自分で始めたことだから、自業自得ですよね」

西野さんは子供の頃から、自分がなかったという。勉強ができたわけでも、運動が得意だったわけでもなく、スクールカーストでは真ん中。まわりに嫌われたくない一心で、八方美人となり、誰にでもいい顔ばかりしていた。

ずっと流されてばかりだったので、高校卒業のときに進路を問われても自分がなにをしたいのか、わからなかった。高校を卒業してフリーターとなり、すぐにアダルトビデオにスカウトされた。18歳でまだ、右も左もわからない子供だ。スカウトマンに誘導されるまま、プロダクションと契約してAV女優になる。

童顔でEカップのバストを持つ西野さんは、単体デビューした。かなり売れた。当時は人気単体に過激な行為をさせる時代であり、流されるタイプの彼女は輪姦《りんかん》やぶっかけなど、様々なハードな行為を大人たちに口説かれて了承した。AV業界では激しい行為をするほど、誰もが認めてくれて褒めてくれた。誰も話しかけてくる人がいなかった高校時代が嘘のようだった。

AV女優になって1年半が過ぎたとき、恋人ができた。2歳年上の大学生だった。今までは誕生日やクリスマスが寂しいからと好きでもない人と付き合い、1カ月も経たないうちに自然消滅するのがパターンだった。半年経っても、毎日のように会っている。初めての恋愛だった。

「アダルトビデオは自分の裸を見てくれる人がいて、喜んでくれる。だから浮気のエッチとは違う。自分にしかできないことって頑張れたけど、大切な人を泣かせて、悲しませてまですることなの？　って思った。その疑問はどんどん大きくなって、取り返しのつかない間違えをしていたことに気づいちゃった。だから、携帯に事務所から仕事の電話がかかってくるのが怖い。彼氏といっぱい話して明日が楽しくなりそうなのに、いつも携帯が鳴るの。すごく怖い」

痛々しい告白だ。

プロダクションは知名度がある彼女にどんどんハードなことをさせ、もうひと稼ぎしたいという時期だった。当時はメーカー間で需要にどれだけ応えるかという競争をして、AV業界には視聴者は神様的な意識が蔓延していた。知名度があり、若く、口説けばいくらでもハードなことをする彼女は、格好のハード作品のターゲットであり、まだまだ活躍できる状況だった。プロダクションは次々と仕事をさせたがった。一方西野さんは恋愛がキッカケで精神的に不安定になっている。精神的に追いつめられていた。痛々しい彼女とAV業界には、もはや埋まりようがない溝ができていた。

人間花瓶にして肛門にドジョウを流し込む

その後、過激なAVに何本か出演、消えるように辞めている。その中の1本はアナルに花をさし、人間花瓶にしてから肛門にドジョウやウナギを流し込む。それから十数人の男優に輪姦され、全員分の精液を浣腸される、というあまりにも厳しい内容だった。

画面の中の彼女は、心の底から絶望的な表情をしていた。心中を察すると胸が痛くなる。過激な凌辱《りょうじょく》作品に、自ら積極的に出演したとは考えられない。プロダクションは精神的に不安定な西野さんは、もう長くはないと判断して、最後にひと稼ぎと過激撮影に送り込んだ、という背景が見える。すでに精神的に破綻しているから、その撮影で潰れてもかまわないという計算だろう。AV業界は、利益がすべてに優先される。凌辱などの危険な撮影には、彼女のように辞めたがっている女優や不人気な企画女優など、長期的な売上が望めない女優が送り込まれた。

暴行作品を量産したバッキービジュアルプランニングが大事件を起こし、2004年12月に代表と制作責任者が逮捕された。事件によって凌辱撮影は基本的に行われなくなったが、それまでのアダルトビデオが過激化の一途をたどった2002〜2004年の3年間は、AV女優本人の意向を無視するマネジメント、過激作への出演は当たり前のように行われていた。

1000万円を要求されて支払いました

2005年、西野さんは消えるようにAV業界からいなくなった。消えてから1年半が経った頃、業界の噂に耳を傾けていると、女優末期は「現場で手首を切っていた」「突然、号泣した」など、痛々しいものだった。ある日、風俗誌の編集者から「彼女、歌舞伎町のキャバクラにいるよ」と聞いた。行ってみることにした。有名な大規模店、入口にズラリと並ぶキャストの写真を眺めると、華やかなドレス姿で微笑む西野さんがいた。

「アダルトビデオ関係の人とかファンの人とか、来られると困るんです。担当以外、オーナーも女の子もそのことを知らないんです。初めてのお客さんの指名は理由を聞いて、遠くから顔を見せてくださいって頼んでいるの」

白いドレス姿の彼女は言う。取材ではなく、接客されながら適当な話をして出されたウイスキーを飲む。AV業界に対して怯えており、時折怨念みたいな言葉が出た。それが気になった。現在はキャバクラに週6日フル出勤、さらに昼間は介護のバイトをしているという。寝る暇がないほどのスケジュールをこなし、家には帰らずに何日も漫画喫茶に泊まるような生活をしていた。どうしてそんな無理をするのか聞くと「お金の問題を抱えている」と言いだした。

「実は家の借金が大変なんです。今、毎月40万円を入れています」

AV女優末期は次々と過激な現場に送り込まれただけではなく、プロダクションとの関係が決定的に破綻したようだった。

「あの後、しばらくしてプロダクションに辞めたいと言いました。もう無理、どうしても続けられないって。そうしたら違約金を払うって契約書に書いてあるみたいで、お金を払えって。1000万円払えって言われました。そんなお金、払えるわけない。それで精神的におかしくなっていたけど、辞めることができないで続けた……ツラかった」

ひどい話だった。辞めたいとプロダクションに伝えると、すぐに違約金を要求された。AV女優を辞められないと知り、精神状態がさらに悪化。そして、撮影現場で手首を切ったり、突然号泣するという深刻な精神不安定状態になった。追い打ちをかけてAV女優を辞めない西野さんに対し、我慢の限界を超えた彼氏が暴力をふるうようになった。

脅されて震えながら撮影現場へ行き、過激な凌辱現場でボロボロになるまで性的行為をさせられた。泣きながら帰ると、彼氏が怒り狂って暴力の嵐。そんな絶望的な状態の中で、またプロダクションから電話がかかってくる。断れば、お金を払えと脅される。本当に悲惨だ。

「もう、自殺するしかないかな、みたいな。今日、死のう。でも死ぬのは怖い。どうしよう、どうしようって追いつめられた状況でした」

死を真剣に考えるほど追いつめられ、最終的にお金を支払うことを決断した。親にAV女優をしていたこと、プロダクションから金銭を要求されていることを話した。

AV女優としてコツコツ貯めた500万円、そして母親は親戚中から借金して500万円を作り、プロダクションに1000万円を支払ったという。ムチャクチャな話だが、契約を盾に要求すればお金を支払う善良な一般人は多い。AV業界は利益になるかならないかで動く。プロダクションもこれから売上を望めない女性を、少し脅しただけで1000万円が支払われるのだから、簡単に一線を越えてしまう。

西野さんや家族が法律に詳しく、支払いを拒絶して警察に駆け込むようなタイプだったら、おそらくプロダクションは違約金請求に踏み切らない。無知と善良な性格につけ込まれたことになる。契約書を盾にAV女優を続けさせるマネジメントは「契約書管理」と呼ばれて、当時はあちこちで似たような悲劇の噂を聞いた。

キャバクラと介護施設で働き詰め、表情は疲れ切っていた。生と死の狭間を彷徨《さまよ》い命を懸けて逃げたAV業界だったが、その清算はまだまだ終わっていなかった。歌舞伎町の華やかなキャバクラに、絶望的なAV女優のその後があった。

AV女優は人間のようで、人間じゃない

西野さんが今でいう「強要被害」にあってボロボロだった頃、ある大手メーカーの専属女優だった江村今日子さん（仮名、当時23歳）から暴力被害を告発された。メールに「この汚い世界をナカムラさんの書ける範囲で書いていただきたいです」とあった。

「経験してわかりましたけど、AV女優なんて職業は人間じゃないっていうんですか。前は普通のOL以上に社会的な認知がなくてはおかしい、みたいなことを本気で思っていたけど、ホントバカだったなって。AV女優なんて人間の最後の尊厳を売る仕事ですからね。牛とか豚以下じゃないですか。少なくとも人に可愛がられるペットとか、動物園の動物より遥かに下ですよ。人間ではないですよ」

とにかくやる気を前面に出して、企画女優からメーカー専属まで上りつめた珍しいケースの女優だ。2000年代前半、アダルトビデオはレンタルの時代が終わり、男性視聴者の需要に応えるサービス業的なビジネスに転換した。男性視聴者の要求は、おおよそが女性のクオリティーアップと性行為の過激化だ。頑張る、なんでもやるとアピールすれば、本当になんでもやらされる。前向きにAV女優をしていた江村さんはレイプ、ぶっかけ、SMとなんでもこなしていた。

「〇〇って作品があった。あれで逆さ吊りにされて、大勢の男の人に殴られ続けて怪我して、殺されそうになりました。現場が終わって、お岩さんみたいに顔が腫れあがって病院行き。怖くて怖くて頭の中は錯乱状態で、お医者さんに『なんでこんなひどい状態になったの？』って聞かれて、理由はなにも言えなくて。『もう一歩で網膜剝離で失明するかもしれなかったんだから、気をつけなさい』って」

殴られて失明させられそうになって、いったいなにをしているんだろうと冷静になったという。

「私みたいな三流、四流の女優は、顔が腫れようと大怪我しようと、入院しようと、殺されようとどうでもいいわけです。例えば一流の人が同じ目にあったら、大問題になるわけでしょ。賠償問題になるだろうし。顔が腫れて痛くて耐えられないくらい暴行を受けているのに、四流の私の場合は文句を言っていいのか、悪いのかすらわからない。痛みに耐えながらいろいろ考えて、虚しくなった。あれだけの暴行を受けたのだから、警察に訴えるなり、慰謝料を請求するなり、文句を言う権利はあったと思う。でも、そのときまではやる気に満ちていて、クレームをつけたら専属を外されてしまうかなとか、次の仕事が来なくなってしまうとか、そんなことを考えちゃっていた」

怪我をして初めて気づいたこともあった。

「誰もしないようなキツイ現場ばかりやって、自分だけは大丈夫と思っていたけど、人間ってちょっとしたことで死んじゃう。目の中に男の人の精液を入れられたりして、運がいいから失明しなかっただけのこと、綱渡りみたいなことをしていたんですよ。ゾッとしました。勘違いして妄想して舞い上がっていたので、仕事はなんでもOKしたけど、企画を考える人からすれば、面白そうだからやってみよう程度。あのバカな、なんでもOKする私だったら専属って餌を与えているしノーって言わないだろうって」

江村さんが出演し、病院送りとなった作品は凌辱尽くしだった。逆さ吊りにされ、男たちは笑いながら本気で殴る。殴られながらアニメキャラのセリフを叫び続け、顔は無残に赤く腫れあがっていく。アダルトビデオというより、リアルな暴行ドキュメントだった。

「最初は自分が特別な存在だから専属になれたと思っていた。でも、全然違いました。なんでも一生懸命やります、NGなしです、なんてモデルが私しかいなかったから利用されちゃっただけ。今までの人生で誰にも求められたことがなくて、裸になったらファンができて、専属女優って特別な存在として扱ってくれた。バカで単純だから、そんな環境に舞い上がっていた。勘違いしてプライドがあったのは、自分だけ。まわりの人たちはチヤホヤしながら、心の中では単なる牛とか豚と思っているわけです。怪我したことがキッカケになって、悲惨な現実に気づいてしまいました」

話しだしたら、止まらなかった。AV業界には仕事をして被害にあっても女優が訴える場所がないどころか、プロダクションの監視があるので話を聞いてくれる人すらいない。ひどい経験をして目が覚めたAV女優は、泣き寝入りするしかない。

「まわりの人たちから『頑張っているね、頑張り屋さんだね』なんて言われてマインドコントロールされている状態だと、どこまでが危険で、どこまでが大丈夫かわからない。最初は『頑張り屋』なんて言われるのが嬉しかったけど、単に都合のいい女に仕立てるマジックですよ。言葉なんて誰でも言える。AV業界の人たちは何年も女の子を扱っているからうまいんですよ。そうやって騙され続けていることに、殺されそうになってやっと気づいた。撮影する側からすれば、あの凌辱撮影は遊びの延長。簡単に股を開くセックス商売のAV女優なんて、マトモな人間じゃないし、殴って目を潰して殺してもいいってことですよ。あのメーカーの社長は『自分は男尊女卑だから！』なんて平気で言う人でしょ。そんなことを偉そうに言うなんて、ありえない。一歩下がってこの世界を眺めてみると、本当にいろいろな現実が見えてくる。恐ろしい世界ですよ」

暴行の被害にあってマインドコントロールが解けた江村さんの見解は、おおよそその通りだ。AV業界は流通から男優、プロダクションまでがAV業界人であり、AV女優は商品という構造だ。裸の商品を仕入れてグルグルとまわして消費し、換金する。換金できなくなったら寿命で使い捨てられる。スペックがそんなに高くない彼女は、モチベーションが高くハードな性行為ができることで寿命を延ばしたが、消耗する商品なので使い捨てられる運命は変わることはない。

「見ている人からすれば、作品でひどいことをされているモデルには安全装置があると思っているでしょ。そんなの一切ない。あの人たちが撮影前に安全確認なんてするわけないし、モデルは人体実験みたいなもの。もし、私が死んだとしたら、あの子は頭がおかしくて勝手に自殺したとか、百歩譲って事務所に賠償金を払ったとしても、事務所が表沙汰にするわけがないし、遺族に一銭すら払うわけがない。闇から闇に葬られて終わり。事務所はお金になるから、死んでラッキーくらいに思うはず。私たちは親とか親類にAV女優だったなんて言えないから、殺されても結局泣き寝入りするしかない。コンクリート詰めで殺される人と同じ、闇に葬られて消えるだけ」

目が覚めた彼女が想像する哀れな結末も、ヒステリックになった女の被害妄想というわけではない。現実味を帯びている話だ。

「AV女優は人間のようで、人間じゃない。私だけじゃなくて、ほとんどのAV女優さんにいえる。まだ騙されたり、勘違いしてAV女優をやっている人たちには悪いけど、やっぱり現実はそんなもの。私だけは人間宣言しますよ。あなたたちには死んでもいい家畜かもしれないけど、私だって親も兄妹もいて、将来の夢もある人間だって。今日はそのことを言いたかったんです。わざわざありがとうございました」

現実を受け入れて切り替えができる江村さんは、AV女優の中では頭のいい部類の女性だ。この後、きっぱりとAV業界と縁を切り、他業種に転職して技術者として活躍している。そして、彼女が怒り狂った被害から十数年後、同じように〝キレた〟AV女優たちの怒りの告発によって業界は大騒動になっている。彼女はインターネットでの情報収集がうまく、おそらくずっとAV業界に注目している。現在のパニック状態を眺めて、「あーあ、やっぱりね」と頷いているはずだ。

この数々のAV女優たちの告発は、筆者が直接見聞きした「AV出演強要」「AV暴行被害」だ。AV業界に10年以上かかわる関係者なら、それぞれに、実際に遭遇した、噂で聞いたという「AV出演強要」「AV暴行被害」が必ずある。ないはずがない。

HRN報告書発表直後、そしてマークスジャパン摘発後、数々の人気AV女優たちは「強要はない」と声をあげた。2002年長野県塩尻市で起こった桃井望さんの不審死、そしてバッキー事件以降、女優たちが被害にあうケースは減少傾向にある。人気女優たちが訴えたその主張は嘘や言わされたというわけではなく、大切に扱われる、売れる彼女たちの周囲では本当になかったのだろう。

先日、私は20年間以上、第一線で活躍する著名な人気AV監督にたまたま会った。強要被害について、どうしてなにも声をあげないのか聞いた。

「グレーじゃなく、ブラックってことを知り尽くしているから。それは、なにも言えないよ。Aさん（有名AV監督）もBさん（有名AVメーカー創業者）も黙っているでしょ。みんなブラックってわかっているからでしょ」と苦笑いしていた。

第五章　普通の女の子をAV女優に導く暗黒のスカウト最前線

元プロダクションマネジャーの告白

ＡＶ出演強要問題は話がどんどんと大きくなり、女性団体による抗議を超えて内閣府や政党で議論されるようになった。政府は２０１７年３月31日、スカウト行為を厳正に取り締まる緊急対策を決定し、ＡＶ出演強要には強姦罪を適用すると声明を出した。

さらに２０１７年５月19日。アダルトビデオへの対処を検討する関係省庁対策会議が首相官邸で開かれ、全国の都道府県警に専門官を配置して取り締まりを強化する方針が発表された。菅義偉官房長官は「今後この問題の被害根絶に向けて、この対策を確実に実行に移していくことが極めて重要だ」と力強く述べたという。

政府は国を挙げたＡＶ潰しに乗りだしている。ＡＶ出演強要の撲滅は重点分野に指定されて、どんどんと政策が決定される。その背景には、３年後に控えた東京オリンピックがあると言われている。

２０１３年９月にブエノスアイレスで東京オリンピック開催が発表されたとき、メディアや都民、国民が大喜びする中、性風俗関係者からは一斉に落胆の声があがった。オリンピックと性風俗関係の浄化はワンセットになっている。東京近郊の繁華街はそれぞれ警戒し、摘発を免れるための取り組みをしている。子供の目に留まるコンビニ売りのアダルト雑誌や店舗型の性風俗店がある中、AV業界はまさか自分たちが真っ先にターゲットにされるとは思っていなかった。今回の事態は、まさに青天の霹靂《へきれき》だったのだ。

「AV女優をやります」と女の子を頷かせるスカウトマン

2017年5月末。プロダクションA社元社員・辰巳義一氏（仮名、36歳）に練馬区某所で、ばったりと会った。7年ぶりくらいか。向こうから声をかけられ、しばらく誰だかわからなかった。辰巳氏はA社を数年前に退職、現在は別業種の仕事をしているという。

「辞めるときにやられましたよ。ははは」

そう言いながら、自分の頬を拳で叩く。要するに退職時に暴行されたということだ。非常識な出来事だが、プロダクション周辺ではよくあることで、つられて笑う。

最近、強要問題で警察が活発に取り締まるようになり、労働者派遣法違反でのプロダクション摘発が続出。強要問題表面化以前からグレービジネスであり、一般人が気軽に転職するような業種ではない。多くのプロダクション関係者の出身母体は、暴走族、ヒモ、チーマー、ギャング、格闘家、AV女優、AV男優、AV監督、風俗嬢、ナンパ師、詐欺師、お笑い芸人、闇金融、ビジュアルバンドマン、ヤクザなどだったりする。アウトローが集う特殊な業種であり、暴力を得意とするケースが多い。

社会問題化の余波でその実態が可視化されるかもしれないが、多くのプロダクション社員は、職業選択の自由がなかったりする。辰巳氏は退職時に暴行されているが、アウトローなAVプロダクションの一般社員は暴力を背景に支配されているので気軽に転職ができない。

あまりにタイミングがいい。辰巳氏に今すぐの取材を頼んだ。「いいですよ。名前出ないなら」と即答だった。具体的な説明は避けるがA社は、前述した母体に該当するアウトロー系AVプロダクションだ。辰巳氏も地元ヤンキー上がりという。人物の特定を避けるため、彼のプロダクション入社退社時期は伏せることにする。

「10代のときにつるんでいた先輩に誘われた。最初はスカウトから始まり、路上スカウトができるようになったら、マネジメントを任されるという流れです。前は内装会社で働いていて、空いた時間にスカウトしていましたね。先輩から女を連れてこいって指令が下るから」

ヤンキーは地元中学が軸となった先輩後輩のネットワークがある。そのネットワーク内で勧誘されて、スカウトやプロダクション業務に参入するという関係者は多い。まず言われるのが先輩からの「女を見つけてこい」。そこでやる気や才能がある者は、プロのプロダクションやスカウト会社に引き抜かれていく。

「内装会社で働いていた素人のときは、もらったお金はめちゃ安かった。今だから搾取の構造がわかるけど、当時はわからなかった。1人連れて行って2万円とか。何人か入れて1人、2人は当たったらしいけど、結局僕の手元に来たお金は数万円だけ。当時はAV女優の仕事は多かったし、100万円単位で搾取されていましたね」

都道府県の迷惑防止条例が厳格に運用される以前の話だ。新宿、渋谷など繁華街を若い美人が歩けば、十数人に声をかけられるような状況で、街はスカウトマンで溢れていた。

「繁華街に出て、声をかけてましたね。スカウトの友達もいたので、彼らと一緒に街に出たり。当時は腕を摑んだり、カバンを引っ張ったり、当たり前のようにやっていましたよ。逆にそうしないといけないと思っていた。摑んで立ち止まらせたら、大きな声で話す。強引に話を聞かせるわけ。もちろん、いきなりAV女優とは言わない。芸能事務所って言っていました。半分騙して事務所に連れて行き、そこで初めてAV女優の話をする。口説き方はいろいろ。実際に仕事するまで、何カ月もかかるのが普通ですね」

スカウトで最も重要なのは、声をかけた女性に「AV女優をやります」と頷かせることだ。ここまでに何度も出てくるが、業界用語でクロージングと呼ばれる作業で、スカウトした本人がやることもあれば、仲間うちで最も得意な人間がクロージングだけを担当することもある。

「立ち止まらせて、事務所に連れて行く。その日に行ければ直接連れて行くし、後日連れて行くこともある。クロージングにはいろんなパターンがあって、代表的なのは、芸能界という言葉で引っかかった女の子に『あなたテレビに出演してなにができるの？』と圧迫していくこと。演技はできない、歌は歌えない、他になにかあるの？　と問い詰め、脱ぐしかないでしょうという答えに持っていく。方法は本当にそれぞれで、まず芸能界の厳しい話をしてから『簡単に有名になれる方法があるんだよ』って提案することも。そのパターンは自分がよく使っていましたね」

特に効果があったのは、ネットワークビジネスやマルチ商法のクロージングを真似した方法だという。

「いつからか、ネズミ講のやり方を取り入れると、効果がありました。スカウトした女の子に『〇〇ちゃんね。これからすごい人が来るから。これから来る人は本当にものすごく忙しい人で、なかなか会える人じゃない。今日、会える○○ちゃんは、すごくラッキーだよ』って事前に吹かしを入れておく。その前段階があって、クロージング担当に会わせると、刷り込みが入っているからその人を見る目が違うわけ。本当に効いたので散々使いましたね。ほとんどの女の子はクロージング担当に対して、なにも言えなくなる。結果として頷かせる可能性は高くなりました」

スカウト活動の軸となるクロージングは、どんな人物が担うのだろうか。

「詐欺師紛《まが》いの人間、ペラのまわる口がうまい奴ですね。A社のクローザーは自分を引き入れた先輩がやっていた。まっとうな仕事をしていれば、すごいビジネスマンになっただろうけど、スカウト以外でも詐欺紛いなことばかりするのでトラブルまみれ。今は、どこかに消えてしまった。結局そういう人間を頼りに、もちろん自分でもトライして、女の子を獲得するわけです。本人が前向きに望んでやってくれればいいけど、そんなケースはほとんどない。だから当時のA社はスカウト経由で入ってきた大半の女の子は、今でいう強要ですね。本人たちは芸能界に対してのやる気はあるけど、AVのことはよく理解していない。そのベクトルをうまいことAVに持っていって、本人はよくわからないままAV女優になってしまう」

芸能界志望の女の子をあの手この手でマインドコントロールし、AV女優に仕立てるのがA社クローザーの役割だった。どこのプロダクションにもクロージング担当は存在し、組織の軸となっている。

社内で普通に輪姦していた

辰巳氏が所属していたA社の黒い噂は、たまに耳にしていた。

筆者はあるAV女優から「某ちゃん（A社所属女優）がデビュー撮影のとき、撮影現場に複数のマネジャーが押し掛けてきて監視されたって。ナイフを持っている人もいて、怖くて言われるまま従ったって……」という話を聞いたことがあった。辰巳氏にそのことを伝えた。

「彼らは、そんなことまでしていましたか。はは、メチャクチャですね。やりすぎなんですよ。自分も本当にウンザリしましたから」

プロダクションは女性の獲得が売上の肝となる。いい女性が所属していれば、売上は黙っていてもついてくる。A社では辰巳氏などマネジャーもそれぞれスカウト活動をしながら、独立したスカウト部門を設置していた。スカウト部門のトップは、暴力と狂暴な性格を背景に組織上層に君臨する人物で、続々と女性を獲得するので代表を含めて誰も口は出せなかった。そのスカウト部門がAV出演強要の温床となっていたという。

「時期によるけど、所属女優の8割くらいは、今でいう強要でした。スカウト部門はとにかくヒドかった。メチャクチャでした。彼には誰も逆らえなかった。とにかく脅す。従順な女の子には優しいけど、意向に従わないようだったら最悪輪姦したり。部下に命令して、社内で普通に輪姦していましたよ。その場面をカメラまわして、脅して言うことを聞かせるわけです」

輪姦とは女性を複数の人間で強姦することだ。重罪で4年以上の有期懲役刑になる犯罪だ。A社では、そんなことが数年前まで普通に行われていたという。

「うちのスカウト方法は、芸能人になれる、歌手になれると嘘で釣って、時間をかけて口説く方法。今思えば、本当に可哀想です。胸が痛い。口説き方は人によるけど、とにかくスカウト部門は乱暴。輪姦までするのは、もちろん稀。頻繁にやっていたわけではないけど、最終手段の一つとしてやっていましたね。けっこう名前が売れたAV女優Bとか、元々田舎の優等生で真面目な子だった。けど、スカウトされて口説かれた。スカウト部門にクロージングされて、やるやらないでだいぶ揉めていたんですよ。最終的に決定打になったのが輪姦です。しかも、事務所でやった。本人は恐怖と、自分はもう汚れてしまったから決心したって」

強姦は女性に決定的な恐怖を植えつける、その現場を撮影して脅しの決定的な材料にする、もう汚れてしまったと自分自身を諦めさせる、など様々な効果があるようだ。A社は歌手志望の女の子にはボイストレーニングに通わせる、食事を何度もご馳走するなど、スカウトの過程で投資をするので、AV女優にすることができなかったら大きな損をすることになる。

「輪姦」「場面」で女の子に恐怖を植えつける

長い間、AV業界には女の子は基本的に警察に駆け込まないという定説があった。性的な被害は訴えにくいし、訴えないだろうと楽観視していたのだ。一部AVプロダクションには、利益のためには犯罪も厭《いと》わない思考が蔓延していたし、多くのAVメーカーはレイプ紛いの撮影を平気で決行していた。

「その事務所にいた人間ですけど、まあ、自分も許せないですよ。スカウト部門の連中のことは、頭がおかしいと思っていましたね。でも、やっぱり慣れと同調圧力があった。出しゃばったら、殺されますし。自分の身を守るために下手なことは言えない。事務所では反対する奴らは呼びだされて、まあ、暴力をふるわれます。リンチみたいな。だから強要みたいなことが頻繁にあっても、それが事務所の方針なのでなにも言いようがない。様々なところで場面を作られますし、正直身内でも怖いです」

場面とはアウトロー関係者がよく使う単語で、交渉事を有利に進めるためにその場を演出することである。

「クロージング最中の女の子とか、所属女優の前で場面を作るんですよ。例えば所属の女の子が辞めたがって、それを引き留めるための接待だったら、その女の子の担当の頭をビール瓶で割ったりする。女の子は自分のせいでとんでもないことに……って震え上がりますよね。そういう場面を作って、間接的に脅して続けさせるわけです。異常ですね。メチャクチャだと思います」

AV業界に長い間、かかわっていれば場面に遭遇する。筆者も20代の頃に仕事でミスしてやられたことがある。10人くらいのAV関係者に囲まれて「腕を切り落とす」など一晩中脅された。なんの権限もない末端ライターだったので、朝方に出版社の管理職がタクシーでやって来てなんとか終了した。

今思えば、筆者は場面の練習台だった。お金のない若い無名ライターを脅しても、お金はとれない。後に彼らから恐喝されたみたいな話を何度も聞いたが、彼らにとって場面を作って脅すことは副業なのだ。遠くから観察していると、お金に困るとやる。ターゲットは後ろ盾がなく、警察に駆け込みそうにないAV関係者で、さらにお金を持っている層が狙われる。

条件が揃うのは、人気AV男優だ。個人事業主で立場が弱い男優は、最もターゲットにされやすい。おそらく、人気男優のほとんどは被害経験がある。ライターや編集者はお金がないという大前提がある上に、出版業界人なので警察に駆け込まれる可能性が否めない。たまたま筆者は被害経験があるが、ターゲットにはされにくい。暴力性が背景にない、一般人出身のAV業界人はなにかにつけて脅されるのだ。

友人や知り合いも囲まれてリンチされる、鼻を折られる、指を折られるなどの被害を実際に受けている。ある人物が鼻を折られた場面は目の前の出来事だったので、首謀するAV関係者に抗議したが聞き入れられなかった。暴力は、AV業界のあらゆるところで日常茶飯事だ。

「プロダクション業にかかわらず、なんでも仕入れが大事じゃないですか。商材の仕入れなのでレベルが高い子を連れてきてくれて、その結果があれば基本的にその手段は問われない。犯罪スレスレだろうが、犯罪だろうが、パクられなければOKという感覚ですね。利益が大切ですから。それに所属女優の情報は遮断するから、どんなことが起こっても、基本的には表沙汰にならない」

ＡＶ業界内の旧知の知り合い同士でさえ、そんな状態なので、大きな利益がかかり、後ろ盾があるはずのない女の子たちが脅されるのは、一部のプロダクションでは当然の流れといえる。

視聴者の「いい女を出せ」の要求に応え続けた結果

90年代後半から、ＡＶ女優の変貌が始まっている。

同時期の労働者派遣法改正から日本は少しずつおかしくなり、雇用の崩壊、就職氷河期、少子高齢化、奨学金金融事業化、格差の拡大など、社会が貧しくなる方向に大きく揺れ始めた。誰の周囲にもワーキングプアの貧困者、シングルマザーなどが現れるようになって、それまで蔑視されていた裸の女性たちよりさらに下の層が形成された。

生きるためにカラダを売るという選択が、だんだんと社会に組み込まれていった。社会的な背景によって、プロダクションに応募する女性が激増する。普通の女性がAV業界に足を踏み入れ、競争が激しくなった。かつては特殊な女性のセーフティネットだったAV女優の間に大きな格差が生まれた。AV女優は供給過剰になり、強引に勧誘する必要性がなくなった。自然発生的に自浄が進行したというのが筆者の見解だったが、辰巳氏の意見は少し違う。

「女の子に寄り添って、ちゃんとしたスカウトで、まっとうにやっているプロダクション、スカウト会社もたくさんありますよ。でも、まっとうにやっているほうが少ないですね。ほとんどのプロダクションは、なにかしらの強要はしています。まっとうにやると、どうしても女の子の質が落ちる。メーカー側の要求に達しない。企画しか集まらないから売上が上がらない。女の子にも分配できない。そうなります。単体を何人か集めて、業界内でそれなりの影響力があって、女の子たちにまとまったお金を払えるようなプロダクションをやるのであれば、ある程度は汚い手段をとらないと無理です。確かに、今は応募で来るから、だいぶまともになったけど、それでも限界がある」

男性視聴者の「いい女を出演させろ」という要望は、上限がない。芸能人AVなどが象徴しているが、青天井な状態だ。スペックの高い女性を獲得することを、AV業界から任されたプロダクションやスカウトは、期待に応えるために強引な手段に出るしかない。出演強要には、そういう事情がある。

90年代後半に業界改変が行われたＡＶ業界は、かなり徹底した視聴者至上主義で動いた。男性視聴者が要望する女性のクオリティーアップは無限に続く。ＡＶ出演強要という悲劇の原因をたどれば、男性たちの行きすぎた要求に行き着く。

90年代後半から数年の時間を費やして業界改変が行われ、最終的にはＡＶ業界の権力の象徴だった日本ビデオ倫理協会が潰された。そしてＤＭＭグループ、ソフト・オン・デマンド（ＳＯＤ）グループ、プレステージの3社に寡占化されて決着する。ソフト・オン・デマンド創業者である高橋がなり氏は、『週刊ポスト』のＡＶ30年史の特集で「ＡＶ業界をぶっ壊した、唯一無比のプロデューサー」としてインタビューを受けている。

《ＳＯＤ設立当初、ＡＶ村は日本ビデオ倫理協会（ビデ倫）って悪代官が仕切っていましてね。こいつらにとって都合のよいことばかりが罷《まか》り通り、エンドユーザーのメリットなんて、ちっとも考えられていなかったんですよ。アンダーヘアにまでモザイクをかけていたのは、他ならぬビデ倫ですからね。

おまけにやつらは、官憲の天下りを受け入れて公権力に守られ、既得権益にしがみついていました。流通や製作スタッフ、女優の供給を封鎖して、僕ら新興勢力のメーカーをスポイルしようとした。

だから僕はビデ倫潰しに全力を傾けたんです。SODは、レンタル主体だったAVにセルという新しくて巨大な販路を作り、1本1万数千円したソフトを2980円で販売して価格破壊を起こしました。SODが主導して、新たな業界団体の「コンテンツ・ソフト協同組合（旧メディア倫理協会）」を結成、最終的にはビデ倫を飲み込む形で業界団体を収束させました。ここでは理事を2年ごとに改選するし、既得権益なんか全て放棄しています。》

（『週刊ポスト』2011年10月28日号）

警察の天下りを受け入れていたビデ倫は審査がかなり厳しく、AV業界全体に対して影響力が強かった。高橋がなり氏を筆頭とする新興勢力はユーザー支持を背景にして、ビデ倫を本当に潰れるまで追い込んだ。

新興勢力は規制緩和して公平な競争によってユーザーのメリットを、というネオリベラリズム（新自由主義）的な発想を、AV業界に持ち込んだ。アダルトビデオの価格を下げ、男性視聴者の要望や要求を最重要視する。既得権益を破壊する変革は一聴するとメリットばかりのように聞こえるが、結果的にこのネオリベラリズムが徹底的に実行されたAV業界で起こったのは、強烈な売上至上主義と労働量の増加、無限のクオリティーアップ、そしてサービス業としての過酷な競争だった。

多くの人材が吐きだされ、容赦ない合理化によって業界は縮小し、低価格化によって売上は下がり、AV女優やAV関係者たちの労働量は増加した。そして関係者のほぼ全員が生活や人生を直撃する深刻な収入減に見舞われ、挙げ句にAV出演強要問題まで起こってしまった。もはや絶望的である。

現状のAV業界に一般社会に対しての発信や対話ができる団体が一切ないことを考えると、日本ビデオ倫理協会を潰したことは正しかったのだろうか？　という疑問は残る。男性視聴者至上主義となったAV業界には、いい女を出演させろという男性の無限の要望が突きつけられた。それに応えるために最前線で働くのは、スカウトやプロダクションである。

それまでのAV業界は女性に対する騙しや強要が常態化したムチャクチャな状態だったが、自ら出演したい女性が激増しても、男性視聴者側の求める際限のないクオリティーアップには追いつけなかった。そして、最も女性のクオリティーが求められる単体の発掘で、強要という悪習が残ってしまった。

AV女優になった女の子には利益が出るように気を使う

辰巳氏の話に戻ろう。スカウト部門の強引な手段で獲得した女性のクロージングが完了すると、AV女優名が与えられてマネジメント部門に引き渡される。最初は強引に引き入れられたとしても、慣れて楽しくやる女性、お金稼ぎと割り切る女性、脅しに怯え続ける女性と、その後の状態は人それぞれだろう。

マネジメント部門はAV女優たちに稼がせ、できるだけ長く継続してもらうことが仕事となる。AV女優のマネジャーは女優を管理して、売り方を決めてメーカーをまわって営業し、撮影現場に斡旋する。入金を確認してAV女優に支払いをする。

AV撮影という有害業務に女性を斡旋するのは、労働者派遣法違反ではないか？ と問われるが、女性の職場という労働の視点で見ると労働者派遣法違反より、プロダクションの女性管理に大きな問題を抱えている。

単体ならば専属マネジャーが撮影現場、仕事の現場すべてにベタ付きする。AV女優の職場の人間関係に著しく介入して、他のAV女優やスタッフたちと人間関係を築くことを厳重に禁止する。AV女優の情報遮断だ。この管理は昔から一般的なことで、AV女優はよく言えば腫れ物に触るようなお姫様扱い、悪く言えば商品扱いとなり、スタッフなどAV関係者とAV女優は対等な人間関係を築くことができない。

AV女優は、どれだけ前向きに頑張っても人間関係がない。なので、引退と同時に業界からは消えることになる。少数の例外はあるが、AV女優には長く働くことができる環境や裸にならない選択肢は、与えられていないのだ。

「会社から、現場でもなんでも絶対に女優と誰かの2人の時間を作らせるなって厳しく言われていたから。現場では女優にベタ付きで監視しています。一番の理由は、ギャラの話をされると困るから。女優が移籍したいとかギャラアップしろとか言いだすとトラブルになるし、女優に人間関係ができて情報を得るようになると事務所は都合が悪くなる。メイクさんでも余計なことを言う人が多くて、女優を傷つけるようなことも言ったりする。だから隔離するって意味もあるけど、マネジャーが常に近くにいてフォローしなさいってことだよね」

プロダクションが嫌うのは、出演料や他のプロダクションのことなど、AV女優に情報を与えること。撮影現場ではAV女優は特別扱いであり、基本的に誰も対等に話はしない。できない。プロダクションは情報提供を避ける手段の一つとして、マネジャーをベッタリとつけて監視する。膨大なコストと労力がかかるが、ほとんどのプロダクションはその手段を取り入れている。業界内でよく使われる〝業界の掟〟とは、簡単にいえばAVビジネスの肝となる女優を発掘斡旋するプロダクションの邪魔をしないこと。その掟が破られた場合、クライアントは厳しい抗議をされる。商品であるAV女優を巡るトラブルは日常茶飯事となる。

「余計なことを言ったくらいでは、あまりお咎《とが》めはしないですね。女優さんが飛んじゃったとか、そうなってくると詰めに行きます」

〝詰める〟というのもよく飛び交う単語で、おおまかに「対面して抗議をする」という意味で使われる。

「メーカーに大勢で乗り込んだり。暴力団みたいな感じですよ。殴り込みじゃないけど、みんなで押しかける。一番暴力的な人間が主導しますね。うちで多かったトラブルは、芸能界ってことで引っかけているわけじゃないですか。芸能界って夢を見させて、そのベクトルを崩さないようにうまく洗脳してAV女優をさせている。だから『この業界で頑張っても、芸能界に行く術はないよ』みたいなことを言われると、都合が悪い。それで飛んじゃった（辞めてしまった）場合は、乗り込む可能性はありますね。だからそういう最悪な事態にならないように、マネジャーはクライアントにその意向は伝えます。自分たちもスカウト部門があげた女の子のマネジメントは、特に気を使っていましたね」

AV女優はカネになる商品であり、様々な利権が絡んでいる。労働者である前に商品なので、すべての関係者はそれぞれの立場で商品を使って利益の最大化を目指す。普通に情報を伝えただけで暴行被害にあう可能性があり、利益を阻害する人権的な問題など、現在のアダルトビデオの構造では一切入り込む隙間はない。

AV女優には情報を徹底遮断する

A社は芸能界で釣って、AVに誘導する女優獲得方法を徹底した。AV女優が「芸能人にはなれない」という現実に気づき、不安に陥ることは回避しなければならない。女優の管理やマネジメントは、他社と比べて念入りになる。

「あらゆる情報を遮断して、現実を見せないってことですね。自分がスカウトしてあげた女の子に関しては、携帯を奪って電話の履歴から電話帳から全部消去していました。ガチの情報遮断です。一切、外界と接点を持つな、みたいな。でも、やりすぎるとホストにハマるみたいなことになる。加減は難しい。加減はマネジャーの裁量だけど、自分は普通の生活の中で事務所としかかかわらないみたいな環境にしちゃったほうがやりやすかったですね。仕事に集中するし」

A社は人材獲得と管理に諸問題はあるが、当たり前だが、女性たちには働いた分の出演料はきっちりと支払う方針だった。筆者はA社の女優を何人も取材したことがあるが、お金稼ぎと割り切る女性が多かった。すべてのマネジャーは女性に仕事を長く続けてもらい、利益の最大化を目指す。しかし、その方法は個人によって分かれるようだ。「派手に遊んでもらってお金を使わせたほうが仕事をする」と言う人もいれば、逆に「将来のためにちゃんとお金を貯めさせよう」みたいな考え方もある。自分の担当の女性に対して、どのようなマネジメントをするかはそれぞれの裁量に任されていた。

「強要でAV業界に足を踏み入れる女の子は、自分では正しい判断ができない。簡単に人を信用して、言われたことが正しいと思い込む傾向がある。だから仕事を続けさせるためには、余計な情報はないほうがいいですね。情報を遮断したほうがやりやすい。可哀想だけど、簡単に人を信用するからクロージングをかけられてしまうわけです」

強要で入るAV女優は素直で性善説を信じており、騙しやすいという傾向がある。

東京の渋谷、恵比寿地域はAV業界人の巣窟だ。原宿、代々木、新宿周辺もいつAV関係者とすれ違うかわからない。辰巳氏はこちらが驚くほど、ざっくばらんに話してくれたが、バッタリ会ったのがたまたま練馬だったからだろう。AV関係者はプロダクションに関することは、無言の秘匿が求められる。渋谷、恵比寿周辺で、このような話は危なくてとてもできない。

最後に、どうすれば強要被害がなくなるかを聞いた。

「スカウトは違法だけど、別にいいと思いますよ。実際に女の子に寄り添ういいスカウトもたくさんいる。ただやり方とか、事務所の口説き方次第ですね。嘘を一切なしにクリーンにやるのであれば、ネット募集だけにして、女の子が辞めることを一切阻止しないことが必要。どちらにしても路上でのスカウトは法律的にもうできないし、スカウト行為はモラルがある人間だけでやればいいと思いますよ。

モラルがある人間をプロダクションやAVメーカーが見抜くのは無理なので、プロダクションが何度も面接して、ちゃんと指導したほうがいい。言葉の使い方とか、話し方、仕事の持ち掛け方の研修ですね。だからこれからはプロダクションがスカウトを指導できるかどうか。ちゃんとした人間が、ちゃんとしたスカウトに育てないと、強要被害を撲滅するのは難しいでしょうね」

2時間くらい話しただろうか。辰巳氏の告白で、これまでの強要被害に関する取材の点と点が線で繋がる。女性獲得のために犯罪行為に手を染めたA社は極めて悪質だが、女性の管理やマネジメントはどこのプロダクションも似たり寄ったりだ。強要被害を撲滅するためには、まずプロダクションが根底から変わらなければならない。

グレー産業が足並みを揃えるのは不可能

AV女優になるには、大きくスカウトと応募の2つの経路がある。

夜の仕事、裸の仕事は様々な業種があり、スカウトは女性の希望や能力を見ながらそれぞれの業種と橋渡しをする。特殊な仕事であるAV女優は全体から眺めれば、規模の小さな一つの業種にすぎず、独立したスカウト部門を持つAVプロダクションは少ない（A社も現在はスカウト部門を持たない）。さらに路上スカウトは2000年代半ばに「迷惑！」と社会問題となり、現在はすでにこれ以上はないほど法規制がされている。

スカウトには地元暴力団の監視があり、誰でも気軽に活動をすることはできない。スカウトは数人～数十人で組織化されて、それぞれスカウト会社と呼ばれる。スカウト会社は全国に数百社あり、地域によって事情が異なるが、暴力団から許可を得て、特定の地域でスカウト活動ができるように環境を整えている。東京では2011年に施行された暴力団排除条例により、地域によってはその権利関係も曖昧になっているというが、権利関係が複雑な渋谷や新宿あたりで、無許可でスカウト活動をしていれば、すぐに誰かしらとトラブルになる。

スカウト会社は無許可で人材紹介をするので職業安定法違反、完全に違法な存在だ。さらに都道府県の迷惑防止条例で路上でのスカウト行為は重点的にターゲットにされ、法改正が繰り返された。前述したが、2004年改正で路上でのスカウト行為が禁止となり、2008年改正で「立ち塞がり」「つきまとい」「キャバクラ等への仕事の斡旋」と具体的な違反行為が決められた。そして2012年改正では「公衆の目に触れる場所で相手方を待つ」行為の禁止と、スカウトマンは路上に立つことすら法律違反となった。スカウト会社やスカウトマンは完全に違法な存在であり、組織は地下に潜って活動している。

2017年6月。機会があり、2人の現役スカウト会社代表A氏、B氏にメールで11項目の質問をした。2人とも20代後半の男性で、すぐに返信があった。許可をもらったので、そのまま掲載する。

最近のスカウトの主流は「ネット」

――スカウトになったキッカケは？

A氏　大阪にいる頃、迷惑防止条例がない時代にフリーのキャッチとして日銭を稼いでいた流れから（ホスト、キャバクラ、風俗、居酒屋、ラウンジ、スナック。キャッチ対象はお店利用の客、働く従業員の紹介など）。

B氏　特にない。稼げると思った。他の仕事ができない。したくない。

――危険なことはあるのか？

A氏　街に立てば条例違反、本気で捜査が入れば職業安定法違反及び売春斡旋なので危険だらけです。

B氏　引き抜き。スカウトが飛ばないといけなくなることもあり、同時に仕事とお金を失うことに。それとスカウト会社にも国税が入る。基本ゼロ申告だし、法にひっかかるから逮捕されるリスクもある。

——どのような人がスカウトになるのか。

A氏　ばらばらすぎて一概に言えない。副業で始める人が多い。

B氏　基本的にはDQNだけど、自分でDQNだと気づくまでに時間がかかる（※DQNとはヤンキー、不良、粗暴なチンピラという意味）。別の仕事をしながらスカウトを辞めない人もごく稀にいる。そういう人は、数年で風俗関係の経営者クラスになる。ここまで来てやっとリスク回避ができる。

——収入はどれくらいか？

A氏　最高で月500万円くらい。

B氏　ピンキリ。今になっても路上に立っているのは、逮捕時のリスクをあまり考えていない人、そんな人たちが稼げているかは微妙（ここが強要しているのでは?）。AV強要問題は、実はもっと深い底辺同士の中で起こっている。風俗店の経営もしていて、自分の店で使わない女の子を他所に振っている我々からすると、まだ路上に立っているようなスカウトは、ほとんどが稼げていないのでは?

――どのように女性を獲得しているか。

A氏 現在は人からの紹介がメイン。それと風俗などのお店を利用した際に声をかけてみるなどです。

B氏 女性に〝ビジネス〟という表現で性風俗や素人ものなどへのAVに勧誘。ブランド物や海外旅行で釣る(国外での売春)。ツイッターでキラキラアカウントやブログで釣る。路上で声をかける(これは稼げてない若者が多い)などなど。

――10年前のスカウト条例、現在の政府主導のAV問題は仕事に影響はあるか?

A氏 条例ができて街に立てなくなったことは大きい。現在のAV問題は特に影響はない。

B氏 路上の人たちにはありそうだけど、路上は入れ替わりが激しいから知り合いがいない。

――AV女優で強要告発する女優が続出している。脅したり、騙したりして働かせることはあるか。

A氏　一部ではあるのかもしれないが、そもそもAVに出演するにはAVプロダクションに所属しないと作品に出ることはできない。AV作品に出る意志があるというのが前提ですね。

作品の内容など、事前に詳細が女優側に行っているのが一般的なことを踏まえて考えると、あまり出たくない内容の作品のオファーがあり、それを説得するためにいろいろ口説くことは当然ながらあると思いますが、それと強要をごちゃまぜにして声を出している人が多いと自分は感じる。どんな業界でも必ず一部の悪質な人たちは存在するので、実際にはひどい事実があるとも思いますが、あくまでもごく少数の一部だけの話、業界全体が問題視されている現状には気持ち悪さしか感じませんね。

B氏　「芸能界入りできるよ」など古典的な例はあるけど、騙されるほうが悪いでしょう。芸能界で釣るのは飯島愛、紗倉まなみたいな特別に売れた特殊例を持ち出しているだけ。そういうことをするのは、稼げてないスカウトがすること。稼げているスカウトは、単体女優1人のために他のスカウトバックまでなくなるリスクに手を出さない。騙してAV出演させるようなのは、ごく一部の少数派では？　しかも、そういう奴は、だいたいすぐに飛びますよ。

――AV単体レベルを確保したい場合、出演を口説くのはプロダクション、スカウトどちらでしょう。

A氏　状況がよくわかりません。いろいろなケースがある。

B氏　女性が我々の前に来る前の段階がある。プロダクション、スカウトの前にいる闇金とかホストとかヒモが口説くこともあるし、スカウトが口説いたところで相手にされないケースも多い。だからスカウトの場合は、女と付き合ったりする。AV単体の可能性がある場合、プロダクションの系列店（風俗）に紹介すると、お店が口説いてくれる。それが一番楽で無難なケース。ただ、風俗店側は女に辞められたら困るから、無理な強要に発展することはないですね。

――スカウトバックの金額は、どう決まるのか。

A氏　女優のギャラに対してのスカウトバック。女優ギャラを引いた利益をプロダクションとスカウトで折半するケースが多い。

B氏　回答なし。

――AV強要対策でAV業界はスカウトバック廃止、買い取りのみという案が出ているが、どう思うか？

A氏　AVというグレー産業に対して、スカウトはアウトな存在。グレー産業が足並みを揃えることは、ほぼ不可能なので、アウトな存在の僕らは特に思うことはありません。買い取りしかしないプロダクションと、今まで通りのところができるだけの話。お店やプロダクションに振るときは女の子本人の意志を優先に考えるので、買い取りのプロダクションに行きたいと言われれば紹介するだけですね。

B氏　回答なし。

――AV業界を政府や警察が問題視したことで、これからどうなるのか。

A氏　見せしめ的な摘発は増えると思いますが、警察はなにも問題視していないと思います。

B氏　見せしめの摘発が一時的に増えるだけでしょう。

迷惑防止条例以前は繁華街の路上スカウトがメインだったが、違法な存在となってスカウト方法は細分化しているようだ。B氏が語る最近のスカウトの主流はネットだ。よく使われるのはツイッターやブログで、「夢の実現」などと綺麗な言葉を駆使し、裸の世界に誘導していくという。

スカウトは基本的に真面目に働くことができない男性が流れる仕事で、地元に根を張る彼らには、特殊な人脈がある。女性がスカウトに紹介される前段階で闇金やホスト、ヒモなどが介在して彼らがすでに裸の仕事をすることを口説いているケースも多いようで、「強要被害」と一概に言ってもスカウト現場の人間にはピンときていない印象を受けた。

第六章「ＡＶ女優に人権を」業界でただ一人動いた元ＡＶ女優

AV出演者の権利を守るための団体ができる

AV出演強要問題が社会問題化して、AV業界はずっと沈黙を続けている。2016年3月3日に国際人権NGOヒューマンライツ・ナウ（HRN）が「日本：強要されるアダルトビデオ撮影　ポルノ・アダルトビデオ産業が生み出す、女性・少女に対する人権侵害調査報告書」を発表し、その内容を批判的に検証する長文をフェイスブックで発信したのが元AV女優で作家の川奈まり子さんだ。

その後、作家業の傍ら2016年7月に一般社団法人表現者ネットワーク（AVAN）を結成し、強要問題に関してAV業界側の中心的な存在として活動している。まさに、孤軍奮闘である。

2017年2月22日。AVANに向かった。

AVAN事務局のある虎ノ門は医療、福祉、教育など、国に近い事業の様々な団体がひしめく地域。グレービジネスであるAV業界とはまったく無縁な場所だ。虎ノ門にある多くの団体は試行錯誤しながら、隣にある霞が関や永田町に向かって政策提言をする。AVAN事務局はコンシェルジュが常駐する綺麗なオフィスを構えていた。AV業界はグレー産業から脱却してホワイトになる、という意志を感じる。

――現在（2017年2月）のところ、強要問題が起こってからAV業界側で動くのは、残念ながら川奈さんだけという印象です。2016年7月に素早くAVANを設立されましたが、後に誰もついてこなかった。

川奈　そもそも、AV出演当事者のネットワークを基礎とした団体が必要だという結論にたどり着いたとき、そういう当事者団体を作れそうな人が自分の他にいなかったというのが、AVANを設立した経緯なので……。私は、AV女優は2004年3月に引退していて、引退後はAV業界と経済的な繋がりはありません。でも夫はAV監督で、AV業界人の女性の友人もいるから、業界の情報は入ってくる。個人としてAV業界との経済的なしがらみが切れているため自由に動けて、業界の事情にもそれなりに詳しいという立場です。そして強要問題がマスコミで報道され始めたときから、どうしたらAV女優の人権と仕事を同時に守れるか、スティグマの問題を含めて、彼女たちを取り巻く環境が良くなるかを当事者意識をベースに考えてきました。

――2016年3月に朝日新聞に取材されて、女性記者から「AV出演者の権利を守るための団体、女優の労働組合があったほうがいい」って提案されてAVANを思いついたと聞きました。

川奈　正確には、朝日新聞社の女性記者さんから、「なぜAV女優の労組がないの？」と問われたんですよ。確かに言われてみれば労組がない、なぜないんだろう？　という、素朴な疑問から始まりました。去年の3月の末か4月のはじめ頃のことです。

――業界は長年短期間でお金を稼ぐことが正義。人権の配慮がされていないというより、長年そういう概念すらなかった。僕自身も現在起こっている事態を理解するまで、かなり時間がかかりました。

川奈　女性の人権にAV業界は非常に鈍感だと思います。だからこそ女性の人権を守る会みたいなものをAV業界側から立ち上げたらいいという思いもあって、最初は「川奈まり子　女性の人権を守る会」という名前で一般社団法人を設立しました。でも、すぐに、企業の論理に押されて個人事業主の権利がかえりみられない業界の構造にこそ問題がある、これを改革しないことには根本的な解決にはならないと気がつきました。そこで、団体名を今のように変更したのです。

――ソフト・オン・デマンド創業者の高橋がなり氏の支援があったようですね。倫理審査団体であるメディア倫理協会を設立した経験のある高橋氏に、団体設立のコンサルの方を紹介してもらったとか。

川奈　支援というのとは少し違って、私があちこちから取材を受けるようになって、AV業界に対する私の意見が高橋さんの耳に入ったんです。そうしたら個人的に高橋さんが私を呼びだして、どうせやるならちゃんとした団体を作りなさいと言って、コンサルタントを紹介してくれたんですよ。そういう経緯があったからだと思いますが、団体設立と同時に、AVメーカーが加盟するIPPA（知的財産振興協会）からも呼びだされました。IPPAの理事には日比野正明さん（ソフト・オン・デマンド会長）がいました。そのときからIPPAと頻繁に会合を開くようになり、業界の改革案を理事の皆さんと一緒に考えてきました。

AV業界は女性の人権には非常に鈍感

AV業界に女性の人権の概念が根付かなかったのは、女性は労働者ではなく、商品という意識があるからだろう。AV女優は長期的にできる仕事ではなく、短期間でどれだけ稼げるかというビジネスで、多くの女の子はすぐ辞めるので長期的な展望はない。自然な流れで目先のお金を稼ぐ、ということが最優先事項となった。

さらに長期的展望がないので人権はお金にならないどころか、様々な場面で利益が失われる。ＡＶ業界でわざわざ女性の人権を訴える関係者はいないし、利益に反する意見を強く訴えれば即排除される。気づいたことがあったとしても、誰にも声をあげようがない環境になっている。

２０１６年3月に強要問題が表面化して以降、ＡＶ業界が改善策や対策を一切発信しなかったのは承知の通りだ。釈明を迫られて、ＡＶ業界はどうするのか注目したが、やっぱり「社会に対して発信」する人材は誰もいなかった。それぞれの法人やグループ、個人が女性の裸を利用しながら利益を追求するだけ、それで35年間まわってきた業界といえる。

現在も多くのＡＶメーカーが何事もなかったかのように現状維持で業務を続ける。ある大手ＡＶメーカーは「マスコミからの取材依頼は、もう無条件に断る」と当然のように言う。強要問題について業界関係者に取材したくても、川奈さん以外、顔と名前を出す取材は普通に断られる。

筆者は何人かの業界上層部に、川奈さんと同じく「大手マスコミの取材依頼は断らずに、なにか表明したほうがいい」と助言したが、あまり興味がなさそうだった。取材は受けないが、自分たちは間違っていない、著しく偏った報道によって世間が誤解しているという意識の人が上層部を中心に多い印象だ。釈明や反論はしないが、犯罪集団のごとく糾弾される現実に、まったく納得がいっていない現状がある。

もう一つ、AV業界が徹底して口をつぐんだのは、強要問題がプロダクションで起こった問題だったからだ。メーカーや流通はプロダクションの運営方針に口は出せないし、売上を下げるような邪魔はできない。同じAV業界でも女性の裸を利用して最大の利益を目指すという共通の目的はあるが、メーカー&流通とプロダクションの業務は完全に分断されている。

――どうしてAV業界はなにも言わないのでしょう。加害者が特定されて報道された強要問題に関しては、誠意ある対応をしたほうがよかった。

川奈　……変なたとえ話から入ってもいいですか？　強要問題が起きて、世間は「あそこで馬が暴れている！」となった。誰かが馬に手綱をつけなくては！　と思ったわけです。ところが近くに寄って見てみると、実は馬ではなくて蚊柱《かばしら》だったんです。遠く離れた世間からは馬に見える。でも実は蚊柱だから、手綱をつけようがない。ましてや当の蚊自身には馬の姿も見えていませんから、対応を求められても右往左往するばかりです。

――AV業界の団体としてIPPA（知的財産振興協会）はあります。この数年間はAV撮影現場に関しては多くの関係者は丁寧に接していたし、活躍する女優はポジティブな人が多かった。人権問題など、制作側は誰も頭になかった。青天の霹靂というか。

川奈　IPPAはたとえてみれば商店街の店長さんたちの寄合みたいなものだということを、世間の人たちもHRNさんも今一つ理解してないんじゃないかなと思います。IPPAがやってきたことというのは、例えば、最近この商店街は不景気だけどどうやったら集客できるのか、とか。いろんな店の商品が盗まれて被害が出てるから自警団を作って警察と協力して泥棒を取り締まろう、とか。うちの商店街の評判が悪くなるからあんまりヒドイ商品は売らないように検品を義務化しよう、とか。海賊版の摘発や倫理審査の義務化を持ち寄りで行っている、活動も成り立ちも内向きの団体です。

――想定外のAV女優の人権問題が起こり、猛烈な勢いで話が大きくなった。中小企業経営者の小さな集まりでは対応できなかったと。出演強要はプロダクションやスカウトの問題だし、AVメーカーは関係ないってことですね。女優の発掘と斡旋、管理は別職種のプロダクションに丸投げしてきたのだとしたら、確かに口出しできません。

川奈　IPPAに「改善する意志があることを表明したほうがいい」と最初に言ったのは、2016年7月中旬。そのときは「なんで我々がやらなくちゃいけないの？　俺たちAV業界の代表なの？」みたいな反応でした。あの頃はメーカーの方たちは問題を起こしているのはプロダクションだけだと思ってましたから、「えっ、なんで？」という感じ。IPPAはAVメーカーの団体で、プロダクションは加盟していませんから。

——プロダクションの不祥事の責任を求められても、それは困るというのは理解できます。

川奈　最近では、AV業界を代表する団体や規約がなければ対応できない、つまり今までの業界の構造ではダメだということをメーカーやプロダクションの上層部が理解しているので、業界全体を代表する団体が、これから作られることになるでしょう。遅すぎたと思いますが、本当にゼロからのスタートだったので、実際にIPPAやプロダクションのグループが動き始めるまでに時間がかかってしまったのは、残念なことではあるけれど、私にはわからなくはないんです。

——川奈さんは、昨年の問題表面化初期から統一契約書の必要性を訴えて、プロダクションと会合を重ねていました。そのAV業界を代表する団体とは、具体的にどのようなイメージなのでしょう。

川奈　法的に正しいルール作りをして業界全体に規約を課す団体です。アメリカにフリー・スピーチ・コーリション（Free Speech Coalition）というポルノ業者の団体があります。ホームページをひらくと、トップページから、アメリカのポルノ業界の規約がバーッと書いてある。メーカーだけではなく、出演者のエージェントや、出演者に対しても、それぞれが守るべき掟が全部書いてあるわけです。日本のＡＶ業界には今まで業界全体を律する団体や規約は存在したことがなかったけれど、必要だと感じます。

２００７年に摘発されて解散した日本ビデオ倫理協会は、長年影響力が大きかった。90年代にインディーズＡＶが流行し、ＡＶ業界はビデ倫系列とインディーズで分断した。ビデ倫会員と非会員のＡＶメーカーは対立して、最終的にビデ倫は審査基準を大幅に緩和して、わいせつで摘発されるという事態に発展している。

――現在の業界を代表する団体や人材がいない現状は、分裂前まで影響力のあった日本ビデオ倫理協会を潰したＡＶ業界の自業自得ではないでしょうか。

川奈　ビデ倫でも対処できなかったのでは？　制作やプロダクションの体制や、女優や男優の働き方といった労働問題まで踏み込むことは、今までＡＶ業界では問題提起されたことがなかったでしょう？　ビデ倫も審査団体で、プロダクションは入っていませんでしたしね。やっぱり今後は、メーカー、プロダクション、流通から販売会社、フリーの人まで、ＡＶ業界にかかわる企業や団体と人々がすべて一つにまとまって、規約に従って動くことになるといいと思います。

——流通からプロダクションが一つの団体にまとまって、どこの部門の誰が上に立つのでしょう。強要問題前だったら、プロダクションまでが一つにまとまって足並みを揃えるのは考えられない。

川奈　理想的なことを言うと、今後できる新しい団体の代表者は、プロダクションからもメーカーからも自由な人じゃなければいけません。メーカーの社長、プロダクションの社長が全体の代表になれば、なにか問題が起こったときに自分の会社を痛めつけるようなことは言えないでしょう。それでは業界全体をまとめる団体を作っても意味がない。業界のどの部分ともしがらみがない、完全に中立の立場でないと機能しません。

川奈さんは、第三者が流通からプロダクションまでが加盟するＡＶ業界を代表する団体を作り、業界全体が団体の規約に沿って動き、強要問題をなくしていくべきだと訴える。

派遣法違反で摘発されて業界が動きだした

第一章の未成年の坂本さんを「家族に危害を加える」と脅してAV女優にしたスカウト会社のような悪質な業者を、その団体の規約によって追いだすことができるのか。彼女が被害にあったような悪質なスカウト会社は決して珍しい存在ではなく、所属プロダクションA社も現存する。

これまでのAV業界は男性視聴者の需要に応えるためなら、手段を選ばない構造だった。強要のリスクを回避するためにはプロダクションはスカウト会社と断絶し、メーカーは視聴者が求めるスペックの高い女性の過剰な供給は諦める必要があるが、団体が規約を設けただけではそこまではできないだろう。

もう一つ。AV業界は競争が激しく、選別の厳しい女優以外は、一般的なレールから外れた人々のセーフティネットになっている。指定暴力団の構成員のような明らかな反社会的な人物が多いわけではないが、反社会に近いグレーな人たちはたくさんいる。いい女を獲得できるなら、売れる商品を作れるなら、前科前歴を問わない、どんな不祥事を起こしてもグレーな人たちを追いだすようなことはしないという、ＡＶ業界の歴史的な流れがある。

――反社会的な人を弾くとか、本当にそんなことができるのでしょうか。

川奈　規約に従わなかったら業界で働けないという状況になれば、企業も個人も、合法側に留まる努力をすると思いますよ。出演強要が社会問題になって、ＡＶ業界全体に社会的にネガティブなイメージがついてしまった。しかも、社会に向けてプロダクションやメーカーがなにか意味のある発言をしたのかと言うと、なにも発言してこなかった。でも、業界の外からは見えないけれど、このままだったらＡＶ業界がなくなるかもしれないという危機感を業界人の多くが抱いて、何カ月も議論してきたことも事実なんです。業界の入口から出口までトータルにまとめてなにをするかといえば、ＡＶ業界の刷新。それしかないと思った人たちがメーカーやプロダクションの中にもいます。

ＡＶ業界の大変革とは、大問題となった出演強要を起こさない仕組み作りを大前提として、今までグレーと呼ばれた部分をホワイトにすることだ。この虎ノ門にあるＡＶＡＮ事務局の雰囲気から、川奈さんのホワイト化への意気込みは伝わるが、混乱する介護や保育を筆頭に霞が関の机上の空論がうまくいくことはない。

AV業界のグレーな歴史

ここで、いったい今までのアダルトビデオの、なにがグレーなのかを見ていこう。

女性団体が強要罪や強姦罪の適用を求める明らかな出演強要、本物のレイプ撮影などを除くと、まず本番だろう。1956年に施行された売春防止法は、不特定多数を相手にした男性器を女性器に挿入する行為の対償を受けることを禁止する。売春防止法違反を回避するため、AVはずっと疑似セックスが主流だった。90年代前半から本番AVがだんだんと増え、数年後にはなし崩し的に本番が常識になる。AV業界には疑似に回帰する動きはない。これについて、川奈さんは「AV女優は性行為の相手から対償を受けていないので売春婦ではなく、出演した企業から報酬をもらう実演家」と説明する。

また、プロダクションに絡む様々な問題がある。2016年6月に大手プロダクションが摘発された労働者派遣法違反は、すべてのプロダクションに該当する。対応策としてプロダクションと女優は「模範契約書」なる統一の契約書を巻きなおし、AV女優はプロダクションに雇用される労働者ではなく、女優がプロダクションにマネジメントを依頼する業務委託という体制に変更する。川奈さんがAVAN設立当初から提案することだ。

大手A社に所属した坂本さんの話からもわかるように、アダルトビデオ誕生から35年間、これまでプロダクションはずっと女優に出演料を伝えない、情報遮断するという人材マネジメントを貫いてきた。

AV業界関係者はもちろん、プロダクションに斡旋を依頼するすべての事業者はその情報を遮断する決まりを遵守し、従わないことは許されない。プロダクションに管理される女優には情報を与えないことは、いわゆる〝業界の掟〟と呼ばれる独自の慣習の大前提にあり、その掟を破ると最悪のケースでは暴行や恐喝の被害にあう。

プロダクションは長年女優同士や、スタッフなどと所属女優が人間関係を築くことを禁止してきた。人間関係まで管理されて、女優と連絡先を交換したりすると両者が厳重注意される。AV女優は頑張って仕事をしても、円滑に人脈を広げることはできない。人間関係を管理されたらキャリアを作りようがなく、引退と同時に業界から消えていく。ずっとAV女優は人間ではなく、商品だったのだ。

AV女優は頑張って仕事をしても長期的展望を持つのは難しく、女性団体が指摘するように業界関係者や男優、視聴者の男性と、AV女優は極めて非対称が際立つという事実はある。プロダクションと女優が対等の立場になる契約書を交わし、女優がマネジメントをプロダクションに依頼する業務委託という体制にするのは、本当にプロダクションが納得して実現するなら、まさに革命的な改革といえる。

マークスジャパン事件から意識が変わる

——2016年6月のマークスジャパン摘発で大激震となった。結局、当初の容疑の強要ではなく、有害業務に斡旋した労働者派遣法違反で起訴されました。AV撮影に女優を斡旋するのは違法、ということです。

川奈　マークスジャパンがなぜ派遣法違反で逮捕・起訴されたかというと、2460万円の違約金裁判をプロダクション側から起こして、職安法第63条2項の〝公衆衛生または公衆道徳上の有害で危険な業務にあたる〟とされたからですよね。そんな違約金で脅して性行為をともなう出演を強要するような仕事は職安法上の有害業務で、実態的に雇用して派遣していたから派遣法違反であるとする判決が出ました。HRNはその1件の判決を盾に、すべてのAV出演は有害業務であるという論を立ててきたわけです。

――判決やHRNの主張に異論はありますか。

川奈　当裁判の判決自体にはまったく異論がありません。この判決は正しい。そこは絶対に誤解しないでいただきたいのです。違約金で脅してAVに出演させるのは言語道断ですから。しかしAV出演はAV女優さんにとっては職業です。それを一律に公衆道徳上の有害業務であるとすれば、AV女優のプライドを傷つけるばかりでなく、彼女たちは社会にとって有害なことを行っている反社会的な存在だと決めつけることになり、AV女優さんを差別することが正当化されてしまいます。スティグマを強めて、人権を侵害する恐れがあるのです。それに、職安法上の有害業務では労働者性があれば実態雇用主が摘発対象になるので、AV女優さんが労働者として保護される道も永久に断たれてしまいます。すべてのAV出演が職安法第63条2項の違反にあたるとはいえない、と言う弁護士さんもいるんですよ。違約金で脅していなくても、ただ出演するだけで道徳上有害なんですか？　道徳は国や今の政権が決めるんですか？　それとも宗教団体や思想団体が決めるんでしょうか？　スカウトマンとプロダクションが家裁で争ったときの実際の判例があって、問題なく行われたAV出演は職安法上の有害危険業務にあたらないと明言した裁判官の判決なども記録されています。そういう判例や考え方が存在するということは、ぜひ知っていただきたいと思います。

――内閣府は警察に、AV出演は職安法上の有害危険業務なので、雇用性が疑われるときはAVプロダクションを積極的に捜査して摘発するようにと要請文を出しています。

川奈　知っています。国が決めたことですから、スティグマを強めるような動きには警戒しつつ、当面はこの状況を受け容れるしかありません。幸い、AV業界の女優さんの働き方は、この10年くらいで変わってきて、昔は月給制にするなどはっきりした雇用が一部にありましたが、今はどのプロダクションも完全出来高制で、女優さんは全員フリーか個人事業主という状態です。要は、本当に実態として雇用性が疑われる状態がなくなればいいのです。

――労働者派遣法違反は既成事実化されてしまった。

川奈　大丈夫。繰り返しますが、AV出演から労基法上の労働者性や雇用性を払拭すれば、女性がAV出演することも、プロダクションの業務も合法です。ソフトランディングすることも可能な状況です。

――統一契約書で女優とプロダクションの関係を対等にするのは、ソフトランディングではない、とんでもない激しい改革です。

川奈　いいえ。一方は女優のマネジメントをする、一方は出演するといった、プロダクションと女優さんの役割や仕事内容は基本的にこれまでと同じですから、十分、ソフトランディングできますよ。もちろん女優さんの権利が確立されるので、悪徳業者が女優さんから不当に搾取することはできなくなります。例えば、相互の業務委託に変わって、女優さんからも独立した個人としてプロダクションにマネジメント業務などを依頼するという契約関係を大前提とすると、ＡＶメーカーは女優さんに総ギャラを知らせないわけにはいかなくなります。

――総ギャラとお金の流れを女優に可視化して、雇用関係をなくしてプロダクションと女優が対等になる運営を提案しているわけですね。

川奈　はい。２０１６年６月からずっと、そうしないといけないよ、と、プロダクションを口説いています。私たちとお話をちゃんとしてくれるところ、協力してくれるところは大手のプロダクションさんばかりですが、それはそれで希望が持てることなんです。なぜかと言うと、プロダクションは零細企業を含めると全国に３００社近くあるけれど、全国で４０００人くらいいる女優さんの８割程度が、合わせて数十社程度の大手から中堅どころのプロダクションに所属していると聞いていますから。

――大手プロダクションは長期的に安定してビジネスをしたい、という意識があるわけですね。

川奈　もちろん。社員やスタッフをそれなりに抱えていて彼らへの責任もありますから、不安定なまま続けたいわけがありません。大手プロダクションの方たちは、自分たちとしては問題なく女優を出演させていると思っていたのに、何社かが派遣法違反で摘発されてしまった。それで衝撃が走って危機感を強めて、このままではいけないと考えるようになったようです。

――どこも業務委託の契約で運営していたのに、突然雇用実態があるという指摘を受けた。混乱するのはわかります。

川奈　AVANで女優さんとプロダクション相互の業務委託契約書のひな形を作るとき、プロダクションが今まで使っていた契約書を叩き台として参考にさせてもらいました。今お使いになっている契約書をぜひ見せてくださいと言ったら、大手のプロダクションさんの多くが快く貸してくださった。自分たちの契約書が正しいという自信があったんだと思います。でも、なにかにつけ違約金を取ることが書かれた契約書も中にはありました。労働基準法に雇用性の条件が書かれているわけですけど、それを全部潰していかないとダメで、違約金について言えば、雇い主でもないのに何の権利があって一方的に女優さんに違約金を課すのか、と。

女性が違約金を請求されるのは様々なケースがある。女優が決まっていた撮影を自己都合でキャンセルする、メーカーとの契約を途中解約する、プロダクションとの契約を途中解約するなどだ。予定された撮影を自己都合でキャンセルするのが最も多いケースであり、現在、人権問題として厳しく指摘されているのは違約金を盾にして辞めさせないケースだ。

――プロダクションと女性の契約書に損害賠償請求が書かれてあったわけですね。

川奈　全部ではありません。損害賠償請求について契約書では触れていないプロダクションもありました。プロダクションが一方的に女優に違約金を課していれば、プロダクションが作った契約書に女優さんが強制的にはめ込まれていることが一目瞭然で、雇用実態があると警察にみなされても仕方がない。AV女優さんを独立した表現者として認めて、プロダクションから女優に出演業務を委託するだけではなく、女優さんからもプロダクションにマネジメントなどのプロダクション業務を委託する相互の業務委託に転換すれば、女優さんの権利が確立されるような契約内容になることが予想できます。そういう契約スタイルに移行していかないと、今後プロダクションは、警察の好きなときにさじ加減一つで引っ張られちゃうと思うんですけどね。

――仕事のやり方を根本から変えることになるから、時間がかかりますね。

川奈　いえ、実際に行う業務内容は今までと大差ないはずですよ。でも構造的な大改革になりますから、みなさん、悩んでいる最中ですね。いやー無理ですよって最初から諦めてるところもあるけど、前向きに悩んでいるプロダクションが大半でしょう。プロダクションも追いつめられて、どんどん良い方向に変わってきていると思います。変わりますよ。変わらないと、もうどうしようもないから。

少しずつ前進するグレーからホワイトへの動き

結局、社会問題化から1年以上が経っても、ＡＶ業界の上層部は表に出てくることはなかった。川奈さんは一般的な産業では考えられない孤軍奮闘を強いられることになった。最悪、消滅の危機もあるＡＶ業界を、一人で守ろうとしているように見える。

そして、川奈さんが提案するＡＶ女優とプロダクションが対等な関係になる相互業務委託が実現すれば、女優の地位と収入は向上する。逆にグレーな運営をしていたプロダクションは、大きく利益を失うことになる。イメージ的には著しく本部に有利な契約を結ばされたフランチャイズチェーンが、本部から裁量権を大幅に委譲されてロイヤリティを大きく下げた契約を巻きなおすようなもので、そうすれば本部機能は縮小し、利益は大幅に減少し、多くの本部従業員はいらなくなる。

２０１７年に入り、ＡＶ女優への業務委託の体制を徹底する日本プロダクション協会という団体が立ち上がった。２０１７年５月の段階では大手を含む12社が加盟する。加盟プロダクションやＩＰＰＡが３００社あるといわれるプロダクションに協会加盟を促しているが、加盟プロダクション数はまだ伸び悩んでいるようだ。ＡＶ業界のグレーからホワイトへの動きは、少しずつ、一歩一歩進行している段階である。

第七章

ＡＶ業界が消える前に

提言を実現していかないと、業界は消滅します

２０１７年４月１日、沈黙を貫いてきたＡＶ業界側がようやく動いた。川奈まり子さんが前章で述べていた通り、ＡＶ出演強要問題についての指摘を受けて、ＡＶ業界側も自主的な努力が必要であることに気がついたようだ。業界外の有識者に対し、「ＡＶ業界改革推進有識者委員会」の委員に就任することを委嘱したのだ。

委員には、憲法学者の志田陽子・武蔵野美術大学教授を代表として、法社会学が専門の桐蔭横浜大学河合幹雄教授、表現規制や自己決定権侵害の問題に詳しい山口貴士弁護士、歌門彩弁護士が名前をつらねる。メーカーやプロダクションとは、まったく利害関係のない面々だ。

ＡＶ業界改革推進有識者委員会は、早速提言や規則を制定した。これを遵守することを承諾した団体や法人が、ＡＶ業界改革推進有識者委員会の主導する業界改革の枠組みに参加し、「適正ＡＶ」の制作、流通を目指すことになる。

ＡＶ業界改革推進有識者委員会の枠組みには、２００社以上のメーカーが所属するＩＰＰＡ（知的財産振興協会）、プロダクションによる新しい団体・日本プロダクション協会、

実演家の権利を守る一般社団法人表現者ネットワーク（AVAN）、DVD販売店、配信業者など大手流通業者も参加する。

語感から勘違いされることも多いが、「適正AV」とは、作品の内容についてこれまでとは違う基準で審査したり、「健全性」の枠に嵌《は》めるものではない。作品の審査自体は、これまで通り、審査センターなどの既存の審査団体が行うことに変わりはない。

「適正AV」とは、AVの制作過程において、「出演者の自己決定権等の人権と安全」が侵害されないような枠組みを遵守して制作されるAVであり、「制作過程」の「適正」を意味する概念だ。その指針となるのがAV業界改革推進有識者委員会の提言と規則であり、同委員会は、提言と規則が遵守されているかどうか、監視・監督する。「出演者の自己決定権等の人権と安全」が侵害されないような枠組みを遵守して制作されるAVだけが商品として流通するという取り組みだ。

2017年6月5日、AV業界改革推進有識者委員会の取材のため、新宿1丁目にあるIPPAの本部に向かう。会議室にはすでに代表委員志田陽子氏（以下、志田）、委員の山口貴士弁護士（以下、山口）、歌門彩弁護士、委員会の広田事務局長（以下、広田）が待っていた。

「第三者が集まった有識者委員会は、業界の自主的な取り組みです。イメージ的にはBPO（放送倫理・番組向上機構）のような団体を目指しています。加盟しているメーカー、プロダクションには、こちらの勧告には従っていただく、ということです。我々がやることはまずルールを策定する、そしてルールが守られているかを監視・監督する。AV出演強要問題が社会問題化して、それを契機にこれまでのAV業界の在り方を変えていかなければならない、その問題意識から第三者を入れて改革をしようということになりました」

志田氏は設立経緯を、そう語る。

有識者委員会はすでに8項目の「委員会からの提言」、22項目の「適正AV業界の倫理及び手続に関する基本規則」を発表している。それに基づいて質問を投げかけていく。

——AV業界の内情に詳しい者からすると、改善点は膨大にある。旧態依然とした「業界の慣行を抜本から見直す」とありますが、具体的にどういう部分を指しているのでしょうか。

山口　一つは全体の足並みが揃っていないことです。「出演者の自己決定権等の人権と安全」が侵害されないように担保する枠組みを遵守することはＡＶ業界の利益に繋がるものですが、長期的な展望を持っている会社と、目先のことしか考えず、長期的な業界の展望を考えていない会社とが混在しています。このバラつきは改善しないといけません。

――政府や女性団体が言う強要と、業界内が自覚する強要。それと女性が思う強要がそれぞれ違っています。

山口　なにが「強要」なのかについて、メーカーやプロダクションと女優さんの間で、大きな認識のギャップが存在します。法的に客観的に評価するかどうかというのはさておき、制作側は十分配慮していると思っていても、女優さんが「強要」と感じることがあることは受け止めないといけません。そこで、「出演者の自己決定権等の人権と安全」が侵害されないことが担保される制度的な枠組みが大切になるのです。

志田　例えば、初めて出演する人と、何十本も出演する人では経験や感覚は全然違ってきますので、ある程度の自己決定権を確保しつつも、こちらでそうしたことを勘案したルールを作って、現場に実践してもらいます。

――どのようなルールになるのでしょうか。

山口　「適正ＡＶ」をわかり易く説明すれば、出演者の人権と自己決定権を尊重し、大切にするAVということです。「適正AV」と言えるかどうかは、表現の内容の問題ではなく、女優さんのリクルート、制作、流通に至るまでのプロセスにおいて、「出演者の自己決定権等の人権と安全」が侵害されないように担保する枠組みを遵守しているかどうかで決まります。

具体的に言えば、適正AVと言えるためには、最初に女優さんがリクルートされる段階でAV出演が目的であることがわかり易く開示され、AVに出演する前、検討する余裕のある時点で、少なくとも台本の概要、要求されているプレイの内容が開示され、どういう内容のシーンが要求されているのかを事前に知って検討する機会が与えられなくてはなりません。報酬は、自己決定権行使のために重要な要素ですから、契約書等の内容を検討する時間が十分に与えられ、出演料、出演料のうちの自分の取り分の割合ないし明細も明記されなくてはなりません。

もう一つ、これは重要なことですが、AV出演は性質上契約の拘束力をもってしても強制することはできないものです。故に、女優さんの出演拒否について、タイミングの如何を問わずペナルティーを科することは認められないでしょう。女優さん抜きでAVは成立しません。その女優さんの自己決定権等の人権、安全が確保されないということはあってはならないことです。適正AVであれば、出演者の人権と自己決定権が尊重され、ギャラの面等についても透明性が確保されることが周知されれば、適正AV以外のAVに出演する女優さんはいなくなるか少なくなり、AV出演強要被害の予防対策になると考えています。

――プロダクションが女優に金額を開示する、その調整が一番難しいと思います。

志田 どういう契約書を作っていくかは、現在検討中です。プロダクションと女優の契約書、メーカーと女優の契約書がありますが、それぞれで内容を採んでもらい、有識者委員会がチェックします。それからこちらで細かいところに手を入れていく形になりますね。

――契約書を統一させるということですね。AVANが作った模範契約書について、各プロダクションに同意を得ている最中ということですか。

広田 我々の役割の一つとして、プロダクションとメーカー間、プロダクションと女優間、女優とメーカー間の調整があります。契約書についても、それぞれの団体が一から見直しを行っています。最終的には委員会で調整する予定です。もう一つ、様々なものの可視化を行うようにします。どの程度の可視化かも含めて、これからもっと詰めていきます。この委員会は4月1日から9月30日までの6カ月の有期的な委員会です。その間に業界を変えていきましょうという取り組みなので、現段階ではまだ途中の段階です。

――女優が独立した個人事業主になって、プロダクションやメーカーと立場が対等になるというのは、あまりに大きな変革なので足並みがすぐに揃わないのは、ある程度は仕方ないと思います。

山口　有識者委員会の提言を実現するようにしない限り、AV業界は、社会的に認められ、承認される「正業」として生き残ってはいけないと考えています。この問題意識を持っていただく必要があります。特に、AV女優さんのマネジメントをするプロダクションの方々の意識改革は重要です。管見の限りですが、プロダクションの中にも2つの流れがあり、クリエイター支援のためのマネジメント業務をするという考え方の会社と昔ながらの女性を使った商売という意識の会社があります。後者は、ギャラの可視化に消極的だという印象を受けています。

――古い女衒《ぜげん》体質な人たちがいて、一方でクリエイター的な人たちは変わっていかざるを得ないことを認識しているということでしょうか。

山口　現状はその通りだと思います。時が経てば意識も変わっていくと思いたいです。出演者の自己決定権の行使のために必要な情報の公開に消極的なところは、「適正AV」の枠組みに入れることは難しいです。なにより、長期的に見れば、「出演者の自己決定権等の人権と安全」が侵害されない枠組みの確立はAV業界の利益に繋がります。最初は抵抗する人もいるでしょうが、だんだんと足並みは揃ってくると思いたいです。

政府、警察は本気

有識者委員会が改革推進を提言して、最初は現場と大きな温度差があったが日々その距離は縮まっているという。2017年5月31日に再びNHKが出演強要をテーマにした番組を放送したり、まったくおさまらない業界への逆風が背景にある。

――今までAV業界は、人権には興味がなかった。継続には改革が必要と理解してもらうため、本当に地道な啓発が必要です。

山口　AV出演強要の問題について、これまで通り、頭を低くして嵐が通り過ぎるのを待っていたり、警察OBに泣きつけばなんとかなるという意識の人が多いのも事実だと思います。ただ、強姦罪や強制わいせつ罪での立件はないとはいえ、内閣官房長官が登場したり、警察が各種法令を適用し、刑事捜査に踏み切ったり、専門官を設置したり、マスメディアの報道等の動きから、これまで通りの対応では済まないという認識は広まりつつあると思います。有識者委員会とその枠組み自体が業界の自主的な取り組みの賜物ですから、問題意識、危機意識を持っているAV業界人の方は多いはずです。

――嵐が過ぎればなんとかなる、って人は多いですが、さすがに政府や警察の本気は伝わっています。

山口　AV業界改革推進有識者委員会は、あくまでも業界の自主的な取り組みです。自主的に改革ができないならば、AV業界をなくすか、法規制をするしかないという動きになることは必至だと考えています。AV業界にとっては最後のチャンスです。

――結果としてプロダクションの足並みが揃わない、ということは大いにあり得ることです。業界がなくなるとのことですが、どうなくなってしまうのでしょうか。

山口　これまで以上に、関係法令を駆使した警察による摘発が行われるでしょうし、立法化の動きも出てくるでしょう。警察による摘発が続けば、メディアもこれに追随した報道をしてAV業界のイメージはどんどん悪くなり、社会的な立場も弱くなります。反論の場や意見表明の場も奪われ、社会からの締め付け、排除の流れが作られるでしょう。法制定されるかどうかは別にして、表現内容についても有形無形の干渉がなされるようになると思います。

——そうなっていくと、女優もスタッフもまともな人を採用できなくなりますね。負のスパイラルが起こる。

山口　自浄力のないＡＶ業界には消えてもらいましょうという流れはなんとしても避けたいです。有識者委員会は、何とかして、ＡＶ業界には存続して欲しいと考えていますが、その大前提は、女優さんの自己決定権等の人権が守られることです。

ＡＶ族議員の存在が必要

ＡＶ出演強要問題が起こり、被害女性を救済する法規制を目標にして、女性団体は複数の団体でタッグを組み、猛烈なロビイング（政策提言）活動を繰り広げた。伊藤弁護士を中心として東京オリンピックを控えている日本の現状を加味しながら、海外から政党にまで女性たちの被害と法規制の必要性を訴え続けた。一方、ＡＶ業界は対抗するロビイング活動どころかメディア取材すら拒絶する状態で、政策提言能力がゼロということを露呈してしまった。

――ロビイングにはロビイングで対抗するしかないのですが、AV業界にはその能力がありませんでした。

山口　AV業界が政治的に無力な状況があることについて、もっと強い問題意識と危機意識を持つべきだと思います。刑法175条による「わいせつ」の縛りはありますが、AVを含めた創作物についての直接的な法規制はありません。また、主としてマンガ等の創作物規制反対の面々が粘り強いロビイングを続けた成果として、性表現の内容について法規制すべきではないという考え方は比較的議員さんたちの中に浸透しています。が、AV業界については、これを表立って支援しよう、擁護しようという議員さんはいません。

――現状のままでは、さすがに支援はできないってことですよね。

山口　はっきり言って現状のままのAV業界は地雷案件です。マンガやアニメの登場人物はキャラクターなので殺されようが犯されようが人権侵害の問題は生じません。表現の自由というロジックで擁護しやすいのです。しかし、AVの場合には、出演者は生身の人間なので、女優さんの自己決定権等が無視されたAV出演強要は深刻な人権問題で、表現の自由というロジックだけでは擁護しきれません。議員さんから見れば、下手にAV業界を支援、擁護すると政治的に大きなダメージを受けかねない地雷案件なのです。

――AV業界から多額の献金をもらって、その後に決定的な出演強要問題が出てきてしまったら痛手が大きいですね。

山口 現状のまま政治家にロビイングしても効果は望めないでしょう。結果的に、現状のAV業界には政治的な資本がまったくと言ってよいほどない状況にあります。例えばAV族議員はいません。内心ではAVというメディアに理解を示している議員はいるかもしれないけど、どうしてその人たちが公然と支持、擁護できないのか？ といえば、出演強要や性的、金銭的な搾取の懸念を払拭できないからです。

――疑念を払拭するための改革推進なわけですね。

山口 「出演者の自己決定権等の人権と安全」が侵害されない枠組みを確立しない限り、国政における発言力を持つことはできないでしょう。現状、AV業界は、内閣府の一審議会に過ぎない男女共同参画審議会における発言一つ一つに右往左往しているような状況です。審議会にはAV業界の代表が呼ばれることもありません。一NGO団体に過ぎないヒューマンライツ・ナウの意見表明にも動揺しています。これは、AV業界の政治的な資本の弱さを明らかにしています。味方になる議員さんがいて、政治レベルでの対抗ができれば、ビクビクしなくて済むことにも怯えています。立法化するためには国会を通さないといけません。審議会、国際機関やNGO団体がなにを言おうとも、国会さえきちんと押さえることができれば、政治的にも有効なカウンターを打つことが可能です。その証左が、いわゆる二次元エロです。男女共同参画審議会からも、国連の女子差別撤廃委員会からも、国内のNGO団体からもいわゆるエロマンガや美少女ゲーム等の発売を禁止するように圧力をかけられてきましたが、きちんとロビイングができていたので、規制は回避できています。AV業界はロビイングをできるようになるための前提条件として、「出演者の自己決定権等の人権と安全」が侵害されない枠組みを確立しないといけません。人を大切にしない業界が自分の権利だけを主張することは許されないでしょう。

――国会議員が安心して支援できる業界にしなければならない、ということですね。それは道のりが長い。

山口　国政における発言力を持たないということは、自分たちの業界に関する政策が自分たち抜きで決められていくということです。部外者に生殺与奪の権利を握られるということです。その悔しさを噛み締めて欲しいと思います。

――AV族議員の必要性は考えたこともなかったですが、出演者の人権や安全が確保されない現状は、仮に支援してくれた政治家がいたとしてもリスクでしかないですね。

山口　政治家の味方がいないこと、イコール公権力には対抗できないことになります。だから政治家が安心して支援できる「普通の業界」にならないと生き残りは難しいし、政治家を味方につければ、審議会とか国際機関からの規制圧力にも対抗できるようになります。だから出演者の自己決定権と安全を確保できない状況は、業界の存続という観点からしてもデメリットしかありません。

志田　逆にいえば、出演者の自己決定権と安全をきっちりと確保できれば、表現者の側の業界としては表現の自由と職業選択の自由という人権のロジックを、堂々と使えるわけですね。改革前段階の現状で、表現の自由や職業選択の自由を訴えても、まったく説得力がないわけです。

――聞けば聞くほど、改革推進を頑張るしか道はないですね。

山口　「出演者の自己決定権等の人権と安全」が侵害されない枠組みを確立するメリットは他にもあります。現在、メーカーやプロダクションに対しては、出演強要を理由とする損害賠償請求などの請求が数多く来ていると思いますが、トラブルの中でも真摯に対応しなければならない事案と、言いがかり的な冤罪事案の選別が容易になることが挙げられます。水掛け論に陥ることなく、反論をすることも可能になるでしょう。

――出演の自己決定については、今と将来で感覚が変わることもあるし、委員会の影響下にあるAV関係者が出演を口説くとは限りません。

山口　私は、２００３年10月頃からカルト問題にかかわっており、被害者の救済、家族等からの相談、カルト問題に関する啓発、教育に取り組んでいます。霊感商法対策弁護士連絡会のメンバーですし、日本脱カルト協会の事務局長もしています。学会出席や海外のカルト専門家との交流、意見交換もしています。故に、私は、人間の自己決定が容易に偽装可能なことも知っています。自発的な意思決定をしていると思わされて、実は他人の意のままに操られるということも知っています。自己決定権の保護のためには、インフォームドコンセントが不可欠です。

――インフォームドコンセントとは医療用語で、治療や治験について正しい情報を与えて、十分に説明するということですね。

山口　女性にとってAV出演が、人生に大きな影響を与えることは否定できません。出演者とメーカー、プロダクションの情報力を比べた場合、メーカーやプロダクションが圧倒的に優位な立場にあることは明らかですし、力関係においても、圧倒的な強者であることも明らかです。インフォームドコンセントが存在すると言えるようにするためには、メーカーやプロダクション側は聞かれたことに答えるだけではなく、積極的に情報を提供しなくてはならないし、情報を提供するだけではなく、情報の内容をきちんと理解できるように説明することが必要でしょう。

インフォームドコンセントの徹底で被害は減る

現在、最も女性団体に相談が多いのは、出演した作品の削除や販売停止である。今、女性がどう思っているかが最も重要という認識だ。

——有識者委員会が提言する適正ＡＶのステップを踏んでいれば、女優とのトラブルに対抗できるのでしょうか。

山口　対抗できるトラブルが多いでしょう。ただし、対抗しきれないものもあります。例えば、メーカーやプロダクション以外の第三者、「スカウト」のような人が、女優のことをコントロール下に置いていて、プロダクションとかメーカーの前では、女優は出演に積極的なように見えることはありえます。適正ＡＶの枠組みの中では、メーカーやプロダクションが「強要」するケースは払拭できるはずですが、第三者による自己決定権侵害の問題は残ります。しかし、「出演者の自己決定権等の人権と安全」が侵害されない枠組みを確立しておけば、メーカーやプロダクションの責任にはなりにくいはずです。

もう一つ、女優さんからのクレーム事案のうち、一番多いのは過去の出演作品をネット上から削除することを求めるものです。法的に削除権を正当化しようとすると、「強要」事案にせざるを得ないという実情もあります。メーカーが女優さんの第二の人生に対する配慮をしてスムーズな削除の仕組み、あるいは、配信の継続に対し、女優さんが追加的に経済的な利益を得られる仕組みを作れば、削除絡みのクレームは相当減らせるはずです。

――被害を受けたという女性たちの話を聞くと、スカウトに大きな問題があります。どうすればいいのでしょうか。

山口　スカウトを有識者委員会の枠組みに包摂することはできません。存在が違法なものを公認することに繋がりかねないからです。スカウトについては、警察による摘発に任せるしかないでしょう。

――でも、有識者委員会の枠組みに所属するプロダクションがスカウトと提携することは、黙認するわけですよね。

山口　黙認とは違います。プロダクションがスカウトを使うことは認められませんが、仮に使ったとしても、女優さんの人権侵害に繋がらない枠組みを作ることが重要であると考えています。たとえ、スカウトに勧誘された女優候補者であったとしても、「出演者の自己決定権等の人権と安全」が侵害されない枠組みが確立されていれば、AV出演強要の被害は未然に防止することが可能です。スカウトが入口となっていたとしても、実際に出演するに至るまでの過程において、チェック機能が働けば、どこかの段階でレールから弾きだされ、被害の予防が可能になります。

AVで生きる人の人生を否定してはいけない

——現状だとメーカーの面接の前に、前向きな発言をするように仕込まれている。

志田　どのようなルートで来た人であれ、こういう内容の作品に出演するという認識があって、自発的に来ているのかどうかはチェックをかけます。

山口　AVに出演すること自体を問題視すべきではありません。AVに出演したいという本人の自己決定権は最大限に尊重されるべきです。「出演者の自己決定権等の人権と安全」が侵害されない枠組みを確立すれば、AV出演強要の被害はかなり減らせるはずです。被害をゼロにするのは無理ですが、それは、如何なる犯罪対策であっても同じです。被害をゼロにできないことを理由にAV業界の取り組みを否定することはフェアではありません。

――AV業界が自発的に被害防止に取り組んで、改革が達成できた、成果が出たとなれば、聞いてくれる政治家はいるのでしょうか。

山口　「出演者の自己決定権等の人権と安全」が侵害されないように真剣かつ継続的な活動を続けていれば、こちらの言い分に耳を傾けてくれる政治家はいるでしょう。ただし、時間はある程度かかります。ロビイングの仕方にも工夫が必要です。メーカー、プロダクション、女優、それぞれ立場が違うので、連携を取りつつも、異なる角度からアプローチをすることは重要です。議員さんの思想信条もまちまちです。相手方に応じたアピールの仕方を工夫しないといけません。困ったときに泣きつくのではなく、選挙を手伝う、カンパをする、集会に顔を出すなどの地道な活動を継続し、政治家から見て「顔の見える存在」になることが最終的には実を結びます。

有識者委員会が提言する適正AVの取り組みに足並みが揃い、強要被害の予防の成果が出て、ようやくスタートラインである。

山口弁護士は「政治家から相手にされる普通の業界にならない限り、AV業界の未来は厳しい」と言っていた。ＡＶ業界はこのまま逮捕者を延々と出しながら違法な存在として地下に潜るのか、それとも一般社会に踏みとどまって生きていくのか。

現在はその最終的な分岐点にあり、本当に有識者委員会という救いの手を差し伸べてくれる人がいる現在は、一般社会で生きる「ラストチャンス」かもしれない。ＡＶ業界にはＡＶ女優に普通の女の子たちが激増し、スタッフたちも新卒の若者たちが続々と増えている。ＡＶ業界には、なんとか一般社会に踏みとどまる選択をしてほしいと願うばかりだ。

第八章 強要問題はAV女優の反乱だった

企画単体女優の貧困

AV女優はお金になる、稼げる。簡単に価値が認められる仕事の代名詞として、ずっと世間に認識されてきた。しかし、ここまで散々説明した通り、その定説は完全に崩壊している。

カリビアンコムなどの無修正動画サイト、XVIDEOSなどの無料無修正動画サイトの横行で深刻な客離れが起こり、長年若者には見向きもされていない。AVをDVDやダウンロードで購入する客層は主に40代以上、メインは団塊世代と市場はどんどんと小さくなっている。

メーカーは利益を確保するため、製作費を下げながらタイトル数を増やし、供給過剰でいくらでも替えが利くAV女優は使い捨てとなる。1本あたりの売上は全盛期の6割、7割ダウンという状態で、さらに国内だけでなく、海を渡って海賊版がバラまかれているので、もう手に負えない。正規版が売れない上に、世界中の膨大な人々に無料鑑賞されているのでお金にならない。当然、AV女優の出演料の原資となる製作費は下がり続ける。絶望的な負の連鎖に巻き込まれるAV女優は、深刻な収入減となっている。しかも、いつまでも底打ちしない。

家賃4万円の風呂なしアパートに暮らす企画単体AV女優

「マジで貧乏。キッツイ生活。ほとんど贅沢《ぜいたく》しないけど、最低限の生活でお金がなくなって。食べ物を買うお金にも困ることが頻繁にある。だから食べ物は、賞味期限が切れていても普通に食べるし、この前は2年前のチョコを食べてお腹を壊したし。電気とかガスとか、最悪なときは水道も止められちゃう。当然、携帯は毎月止まっちゃうし」

厳しすぎる状況の中で、ついに上位層である企画単体女優の貧困が始まってしまった。

２０１６年末の取材である。

中澤美由紀さん（仮名、21歳）は企画単体ＡＶ女優、Ｆカップのバストを持ちスペックは高かった。常時４０００人程度が入れ替わるＡＶ女優の中で上位15パーセントの層にいながら、家賃４万円、風呂なしの老朽した木造アパートに暮らし、腐った食料に手を出すこともある。隙間風が吹きつける劣悪なアパートの部屋で、限界に近い貧乏を耐え忍びながら、前向きにＡＶ女優をする。

「1年半前、ＡＶ女優になって一人暮らしをしてから、ずっとそんな感じ。まわりには

『どうしてAV女優なのに、そんな貧乏なの？』って不思議がられるけど、今は出演料が安い。だから、出演料だけで暮らそうとすると貧乏になる。たぶん、よっぽど売れている人以外は、みんな似たようなもの。私はどうしてもAV女優以外の仕事をしたくないの。嫌なことするくらいなら貧乏でいいし、なんとか歯を食いしばってきつい生活も我慢しています」

中澤さんは、AV女優という職業にプライドがある。

貧乏でも、綺麗で華やかな存在でいるために維持費がかかる。ネイルは1万2000円、ヘアカラーとエクステで1万7000円、洋服やアクセサリーは中古や古着だが、毎月買うので月2万円ほど。自分自身の維持費を最優先に月4万〜5万円を投資し、家賃と光熱費で6万円、携帯代が1万円。月の固定費は11万円程度だ。

AV女優としての収入は、月15万〜20万円程度しかない。年収換算で180万〜240万円であり、その年収は低賃金が社会問題になる非常勤の介護職程度だ。毎月必要になる固定費を差し引いて可処分所得で計算すると、相対的貧困に該当してしまう。

「小学生からDカップくらいあって、子供の頃から将来はアダルトな世界に進むって思っていた。AV女優になろうって決めたのは、中学1年のとき、ずっとブレなかった。AV

女優は可愛い子だらけだし、裸が服みたいなのがいい。可愛くなるために裸にまで気を使うってすごいことじゃないですか。AV女優になるって決めていたから、どんな貧乏でも男から金をもらうみたいなことはしたくないし、絶対にしない。それじゃあ、男で食べていることになるから」

デフレ化が止まらないAV女優は、お金になる仕事どころか、もはや最低限の生活すら危うい仕事なのだ。

アダルトメディア事業を基盤に拡大したDMMは長期的な戦略で次々と他事業に進出したが、その他多くの中小企業でしかないメーカーは、他のことはできない。これからアダルトビデオ市場は拡大することは決してなく、縮小の一途をたどることを重々理解した中で、現状維持のために新作をリリースするしかない。

この数年間、撮影現場で常識となっているのは1絡みの撮影だ。

AV女優は1日〝2絡み、1疑似〟、つまり2回の本番セックスと、1回の本番以外の性的行為をすることで基本価格が設定されている。メーカーがプロダクションに支払う1日のギャラは、企画単体で25万〜40万円ほど、企画は12万〜18万円程度だ。業界には定価を軸に絡み（本番をするセックス）を何回するのか？　という、本番回数でギャラ交渉が行われる習慣があり、メーカーは満額を支払えないので「絡み1回で半額にしてほしい」といった交渉をする。企画女優で絡みなし、フェラチオだけみたいな依頼をすると、グッと価格は下がって3万円や5万円程度になる。

ＡＶ女優の収入はどれくらい下落したか、大雑把に試算してみよう。

同じ企画単体レベルのＡＶ女優を、全盛期だったキカタンブーム時の２００１年と現在で比較してみる。２００１年のＡＶ業界はビデ倫系とインディーズ（非ビデ倫系）が拮抗して続々とメーカーが増えて、さらに違法な激薄ビデオも人気女優を起用して撮り下ろしていた。それらのビデオ撮影現場に加えて、コンビニ売りのＤＶＤ付のアダルト雑誌も売れていて、少なく見積もっても現在の倍以上の撮影現場数はあった。企画単体に依頼が集中して、単体女優よりも知名度の高い女優が続々と現れたことから当時は〝キカタンブーム〟と呼ばれた。

２０１７年現在、週1本月間4本の出演依頼があるならば、２００１年だと少なくとも倍の依頼はある。当時から女優のレベルは著しく上昇しているので、評価は現在のほうが厳しい。現在25万円の女優は、２００１年ならば40万円はとる。さらに2絡み1疑似の満額の撮影は減り、1絡み半額という依頼が多い。

【2001年の1カ月の収入】
40万円（1日の出演料、本番2回）×8本（出演本数）×0・5（女優の取り分）＝160万円

【2017年の1カ月の収入】
12万5000円（1日の出演料、本番1回）×4本（出演本数）×0・5（女優の取り分）＝25万円

稼働日数は異なるが、月収換算で16年前と比べて85パーセントダウンだ。セックスの濃厚さ、労働の密度は現在のほうが遥かに高い。

メーカーの販売不振対策は出演女優のクオリティーアップ、新鮮さ、さらに過酷な性行為という方向を選択した。ＡＶ女優は外見スペックで厳選、新人などの新鮮さも求め、さらなる性行為の労働が課されて仕事の総量は減っている。収入を下落させながら女優と現場の負担が増え続ける中で、続々と新人女優を投入している。撮影現場数は減り続けてい

るので新人女優が入ってくれば、少なくとも同じ数の女優の仕事はなくなる。さらに撮影素材を二次使用、三次使用する。これが賃金下落が止まらないＡＶ女優の現状で、まだ底打ちしていない。そんな絶望的な状況下で、出演強要問題で世間から糾弾され、企画単体から相対的貧困の該当者が生まれてしまった。それがＡＶ業界の現在の姿だ。

ＡＶ業界は女優以外のセーフティネット

ＡＶ業界が存亡の危機に立たされる中で、業界を擁護する理由として貧困問題を持ちだし、「ＡＶ女優はどこにも行き場所がない、居場所を奪うな」みたいなことが一部で言われる。トンチンカンな擁護であり、非常に危険だ。ＡＶ業界がセーフティネットとなるのは、実はＡＶ女優以外の関係者である。

ＡＶ業界のシステムは、スカウトやプロダクションが商品である女性を仕入れて裸にし、女性の裸やセックスに依存しながらメーカーや制作会社が映像を撮影、ＤＶＤやネット配信、有料放送して男性客に販売する。女性の裸とセックスを様々なジャンルに投入してグルグルとまわして利益を上げ、利益が上がらなくなったら女性は交換となる。そういう、女性が乾電池のように扱われる構造だ。その周辺に専門誌やエロ本、ＡＶライターがいておこぼれに与《あずか》る。

長年かかわっていた筆者を含めて、才能や能力がない人材が女性の裸やセックスの力を借りながら、なんとか価値のある商品を作って売る。そうして生活をしている。裸になってくれるAV女優の力を借りなければ、多くのAV監督、AV男優、メーカー経営者、プロデューサー、専門誌編集者、AVライター、プロダクションマネジャーあたりは、とても生きていけない。裸のない世界では商品を作ることができない。売る商品を替えればいい営業担当者あたりは、ギリギリ他の行き場所がある程度ではないか。

逆に激しい競争をさせて選《よ》られながら活躍するAV女優たちは、若く、総じてスペックが高い。心身が健康ならば、容姿を求められる仕事は世間にたくさんある。付き合いたい、結婚したいという男性たちも殺到する。水商売や性風俗に転職したならば、富裕層相手の高価格帯の店舗に採用され、製作費削減で叩かれまくっているAV女優時代の収入くらいは簡単に稼げる。AV業界が消滅しても、AV女優たちの選択肢はたくさんあるのだ。

強要問題の解決は、もう存続の絶対条件だ。そのためにはAV業界がセーフティネットになるのは、女優以外の関係者だということを理解する必要がある。政府が動き、警察が目を光らせ、逮捕者が続出する危機的な状況になっても、ほとんどのAV関係者は業界から離れることなく、日常業務を継続する。

それは他産業に行き場のないことが理由で、なにが起こっても需要がある限りはAVを作り続けるはずだ。もう、腹をくくっている。厳しい法規制をかけてAV業界を潰すようなことがあっても、AV関係者は必ず残って需要に応えようと業務を継続する。要するにこのまま最悪の事態となって排除されれば地下に潜って誰にも見えないところで、女性を裸にして撮影して販売する。多くのAV関係者は違法な行為は厭わない、しかし逮捕される事態は避けたいという感覚がある。法規制がかかりながら業務を継続すれば地下経済なので、税務署の管轄外となる。警察が多くの人員を投入して逮捕を繰り返して、業務継続を諦めさせない限りあらゆる法律は無視される。いわゆる地下AV業界となる。

AV業界は元々、暴力性が背景にある関係者による出演強要などは当たり前だった。地下に潜れば未成年どころか、最も需要が多そうな女子児童が続々と被害にあうかもしれない。

実際に2000年代半ばに世間を震撼させた「関西援交」グループは小中学生の女子児童を続々と無修正の裏ビデオに出演させて、輪姦、生本番、中出し漬けにしてわいせつ映像を全国にバラ撒いた。社会問題化したことで映像はインターネットでさらなる拡散をして、最終的には数人の子供の自殺者まで出している。「関西援交」グループは中年サラリーマンの面白半分の副業だったが、AV業界を失った関係者が地下に潜り、そのような高い需要のあるリスクある映像制作に着手する可能性はある。グレーなりにも産業として成り立っていることで、未成年児童の出演に歯止めがかかっているのは、社会として大きな利点の一つなのだ。

さらに女性の取り合いや人材獲得トラブルで、地下AV業界内部での傷害、脅迫、恐喝は間違いなく多発する。実際にAV業界がグレーからホワイト化するのを嫌って、荒れた状況になるのを待つ関係者もいる。もう荒廃は目に浮かぶ。男性視聴者の需要に応える現在のスタンスが踏襲されれば、騙されて誘導された女性を相手に了承のない異常な性行為をし放題、さらに地下経済なので売上は反社会勢力へと流れて、薬物が蔓延し、海外への人身売買や臓器売買などのビジネスに発展するかもしれない。

現在の起こってしまった出演強要に過剰にこだわって、表面的な実態を知った市民が正義感で産業全体を潰しても、意味がないどころか、新たな危険とさらなる被害者を生む本末転倒の事態となる可能性が高いのだ。AV業界を潰すだけでは絶対に丸くはおさまらない。「AV業界は女優以外の関係者のセーフティネット」という現実は、出演強要撲滅を考える上で外すことのできない事実といえる。

強要問題はAV女優の反乱だった

これまでのAV女優は不遇だった。情報を徹底的に遮断され、人間関係を制限され、著しく不利な契約書で縛られ、男性視聴者とAV関係者のために言われるがまま裸とセックスを提供する存在だった。

相談する窓口も個人の存在もない。関係者が不遇な立場に不安や不満のあるAV女優の相談に乗る、環境改善のために人権的な提言をするなどは言語道断の業界内の禁止事項であり、利益が上げられなくなった女優は当たり前のように使い捨てられた。

さらに主に単体女優獲得で起こった出演強要では、嘘や洗脳で誘導されて多くの女性たちは人生に多大な傷を負い、悲惨な結果になったとしても、すべて自己責任で片づけられてきた。社会問題化以前にくるみんアロマさん、香西咲さんのように自己責任となるのはおかしいと問題提起をしたとしても、関係者に脅されたり、多くの男性たちに差別的な罵詈雑言を浴びせられて終わりである。AV出演した女性たちのSOSの言葉は、暴力的なまでに封印されたはずだ。一方で女優以外のAV関係者は、長年悠々自適だった。同じべッドでセックスするAV男優は10年も20年も継続して大きな賃金を稼ぎ（現在、経営者以外のAV関係者で人気男優が最も賃金が高い）、メーカー経営者は左団扇で、撮影編集するAV監督はアンダーグラウンドのスター気取りだった。AV女優の屍が積みあがる中で、あまりにも不平等な現実があったことは否めない。強要問題は、起こるべくして起こったAV女優たちの反乱だったのだ。

格差や著しい非対称性が存在して、経済的不平等が蔓延する社会は長続きしない。これまでAV業界は、一般社会と比較して高い賃金を女性たちに支払っていたので、歪な現実があっても決壊することなく、ギリギリまわっていた。そして深刻な不況に陥って、女性たちのリスクや働きに見合うお金を払えなくなり、それを埋めるためにポエム的な嘘や洗脳を駆使するようになり、さらに自己責任を押しつけて、最終的にAV女優たちが反乱を起こして壊れてしまった。

壊れてしまったものを継続するならば、壊れた部分を直さなければならない。

女性団体のカウンターとしてAV実演家の人権問題を掲げる団体もできたが、最優先事項は最もリスクを背負って働くAV女優に特化して彼女らの労働環境改善、地位を上げることだ。申し訳ないが、AV男優やAV監督の地位向上、彼らの人権問題など、歪な現状の中ではどうでもいい話だ。ＡＶ業界改革推進有識者委員会がこれから実行しようとする、プロダクションとメーカーによるＡＶ女優との契約書の巻きなおし、それに伴う彼女らへの情報の可視化は、実現すれば本当に大きな第一歩である。

女性団体側が執拗に提案する「デビュー作の廃止」も、筆者は大賛成だ。説明した通り、メーカーは売上不振を打開するため、新鮮な女性を求め、プロダクションやスカウトは強引な手を使ってでも女性を獲得し、そして同じ数だけ女性たちが使い捨てられてきた。現在、ＡＶ女優を続けたくても続けられない女性たちはたくさんいる。裸にさせてリスクを背負わせた女性たちに新規参入者を減らして活動、活躍の場を与える工夫をするのは、ＡＶ業界の責任ではないか。また、これほどボロボロになるまで、客という立場でＡＶ業界にとことん要求して、結果として女性たちを使い倒し、人生を破壊して消費し尽くした男性視聴者も、欲望のままに新鮮な女性や過激な性行為を要求した結果、いったいなにが起こったのか見つめる必要がある。

ＡＶ業界は産業を支える男性客まで巻き込み、どうするのがベストなのかをゼロから考え直すべきなのだ。

おわりに

ＡＶ業界改革推進有識者委員会による業界改革は着々と進むが、それと並行して大手ＡＶメーカーやプロダクションに警察による任意取り調べが入った。近いうちに大規模な摘発があるかもしれないと、この「おわりに」の執筆に締め切り最終日まで手をつけなかったが、２０１７年8月4日現在、ＡＶ業界改革推進有識者委員会の管轄下にある〝適正ＡＶ業界〟関係者の摘発はない。ＡＶ業界やＡＶ女優が日本から消えてしまうのか、それとも自浄に成功して生き残るのか、今のところはわからない。

本書の発売と同じ頃（２０１７年10月）にＡＶ業界側は改革の経過と、出演強要撲滅の具体案を発表する。プロダクションの足並みが揃うのかがポイントで、どれだけのプロダクションが有識者委員会の提言に賛同するかは、同じく未知数だ。

ＡＶ業界は生き残ったとしても茨の道だ。改革が成功すれば、今までのように次々と絶品の美女がＡＶデビューするようなことはなくなる。ＡＶ女優が商品から適正ＡＶ業界関係者へと地位が上がるので、ＡＶ女優は長く活躍できることになる。逆に言えば、人材流動は鈍化する。男性視聴者の要望をこれまでのように叶えることはできなくなり、おそらく市場は大幅に縮小となるだろう。アダルトビデオは内需頼りで、海外流出する映像はすべて海賊版だ。極端な少子高齢化の中でＤＶＤやブルーレイ販売、配信がこれから伸びる理由は一つもなく、生き残ったとしてもなだらかな下降線をたどって消えていく運命にある。

出演強要問題はアダルトビデオ35年間の歴史の中で、最大の事件となった。第八章で男性視聴者を巻き込んでゼロから立て直すべきと言ったが、今回の一連の騒動をキッカケに、他の産業に行き場所がある関係者は辞めてもいいのではと思う。アダルトビデオに将来性がないのは誰もが身に染みてわかっていることで、勇気を持って外へ一歩を踏みだす時期に来ている。

適正ＡＶによって業界の足並みが揃い、もし生き残ることができたなら、最後まで粘った現在のＡＶ関係者を既得権益層にして、一切の新規参入ができない仕組み作りをするのも一つの手だと思う。競争を拒絶してタイトル数を市場に見合った数まで減らし、男性視聴者が支払える限界の価格までどんどん値上げして、最後まで粘った関係者とＡＶに出演したい女性たちで分配するのが幸せな業界の未来の形ではなかろうか。

最後に友人や知人が多いＡＶ業界が生き残れること、誰も摘発されないことをここで願っておきます。

著者略歴

中村淳彦《なかむらあつひこ》

ノンフィクションライター。

代表作に「名前のない女たち」シリーズがあり、劇場映画化もされる。
高齢者デイサービスセンターを運営していたが手を引き、
現在はノンフィクション、ルポルタージュを執筆。
『職業としてのAV女優』『ルポ　中年童貞』（ともに幻冬舎新書）、
『崩壊する介護現場』（ベスト新書）、
『ワタミ・渡邉美樹　日本を崩壊させるブラックモンスター』（コア新書）、
『日本の風俗嬢』（新潮新書）、『女子大生風俗嬢』（朝日新書）、
『熟年売春』（ミリオン出版）、
『絶望の超高齢社会』（小学館新書）など著書多数。

幻冬舎新書 468

AV女優消滅
セックス労働から逃げ出す女たち

二〇一七年九月三十日　第一刷発行

著者　中村淳彦
発行人　見城　徹
編集人　志儀保博

発行所　株式会社　幻冬舎
〒一五一-〇〇五一　東京都渋谷区千駄ヶ谷四-九-七
電話　〇三-五四一一-六二一一(編集)
〇三-五四一一-六二二二(営業)
振替　〇〇一二〇-八-七六七六四三

ブックデザイン　鈴木成一デザイン室
印刷・製本所　株式会社　光邦

ISBN978-4-344-98469-1 C0295
な-12-3

幻冬舎ホームページアドレス http://www.gentosha.co.jp/
＊この本に関するご意見・ご感想をメールでお寄せいただく場合は、comment@gentosha.co.jp まで。

幻冬舎新書

中村淳彦
職業としてのAV女優

業界の低迷で、現在は日当3万円以下のこともあるAV女優の仕事。それでも自ら志願する女性は増える一方。なぜ普通の女性が普通の仕事としてカラダを売るのか？　求人誌に載らない職業案内。

中村淳彦
ルポ 中年童貞

性交渉未経験の男性が増えている。30歳以上未婚男性の4人に1人が童貞。この割合はここ20年間上昇を続けている。性にまつわる取材を続ける著者がえぐる日本社会の不健全さ。衝撃のルポルタージュ。

鈴木大介
最貧困女子

「貧困女子」よりさらにひどい地獄の中でもがいている女性たちがいる。「貧困連鎖」から出られず、誰の助けも借りられず、セックスワーク（売春や性風俗業）をするしかない彼女たちの悲痛な叫び！

藤木TDC
アダルトビデオ革命史

今やアニメと並ぶ日本の輸出文化であるAV（アダルトビデオ）。しかしその全貌は地下に潜っていて、よくわかっていない。本書は、第一人者の手によってついにまとめられたAV全史である。

幻冬舎新書

山本晋也
風俗という病い

人間の性欲ほど多様で面白いものはない。約半世紀、夜の街を歩き続けた著者が、「風俗大国」ニッポンのエロを丹念にリポート。果てることなき男女の欲情をとことんまで覗き見た一冊。

放生勲
不妊治療の不都合な真実

体外受精で生まれる赤ん坊は年間約3万8000人。不妊に悩む女性は50万人。公的助成金330億円の大半が死に金となっている。長年、不妊患者を診てきた著者が実態と解決法を平易に解説。

佐藤愛子
人間の煩悩

人はあらゆる煩悩にさいなまれるが、どうすればこれらの悩みから解放されうるのか？　波瀾万丈の日々を生きてきた著者が、九十二年の人生経験から、人間の本質を的確に突いた希望の書。

下川耿史
エロティック日本史
古代から昭和まで、ふしだらな35話

国が生まれたのは神様の性交の結果で、奈良時代の女帝は秘具を詰まらせて崩御、日露戦争では官製エロ写真が配られた。――エッチでどこかユーモラス、性の逸話から読み解くニッポンの通史。

幻冬舎新書

奥田祥子
男という名の絶望
病としての夫・父・息子

凄まじい勢いで変化する社会において、男たちは絶望の淵に立たされている。リストラ、妻の不貞、実母の介護、DV被害……そんな問題に直面した現状を克服するための処方箋を提案する最新ルポ。

齋藤孝
イライラしない本
ネガティブ感情の整理法

イラつく理由を書き出す、他人に愚痴る、雑事に没頭する、心を鎮める言葉を持っておくなど、ネガティブ感情の元凶を解き明かしながらそのコントロール方法を提示。感情整理のノウハウ満載の一冊。

イケダハヤト
まだ東京で消耗してるの？
環境を変えるだけで人生はうまくいく

東京を捨て、高知県の限界集落に移住しただけで「生活コストが劇的に下がり」「子育てが容易になり」「年収も上がった」と語る著者。地方出身者も知らない、地方移住の魅力が分かる一冊。

堀江宏樹
三大遊郭
江戸吉原・京都島原・大坂新町

粋の吉原、格式の島原、豪華さの新町。三大都市に存在した官許の遊郭を比較しつつ、女たちの手練手管、遊郭ビジネスの仕組み、公認以外の花街などを現代的な感覚で解説した遊女・遊郭論。